穿越百年中国梦

吕军 题

国家出版基金项目
NATIONAL PUBLICATION FOUNDATION

顾 问：吕章申
主 编：陈履生
副主编：白云涛

穿越百年中国梦

开国奠基

写给孩子的党史学习教育读本

曹亚玲◎著

SPM
南方出版传媒
新世纪出版社
·广州·

图书在版编目（CIP）数据

开国奠基 / 曹亚玲著 . — 广州：新世纪出版社，2017.12
（2021.12 重印）

（穿越百年中国梦 / 陈履生主编）

ISBN 978-7-5583-1002-7

Ⅰ . ①开…　Ⅱ . ①曹…　Ⅲ . ①中国历史—现代史—少年读
物　Ⅳ . ① K270.9

中国版本图书馆 CIP 数据核字（2017）第 296911 号

出 版 人：陈少波　　　　　　　策　　划：宁　伟
责任编辑：宁　伟　　　　　　　特约编辑：耿　谦
排版设计：大有图文　　　　　　责任校对：陈　雪

开国奠基 KAIGUO DIANJI

曹亚玲 / 著

出版发行：新世纪出版社
　　　　　（广州市大沙头四马路 10 号）
经　　销：全国新华书店
印　　刷：天津画中画印刷有限公司
规　　格：880mm×1230mm　1/32
印　　张：4
字　　数：57 千字
版　　次：2017 年 12 月第 1 版
印　　次：2021 年 12 月第 5 次印刷
书　　号：ISBN 978-7-5583-1002-7
定　　价：22.50 元

如发现印装质量问题，影响阅读，请联系调换：
北京广版新世纪文化传媒有限公司
销售热线：010-65545429

[书中图片由中国国家博物馆提供]

目　录

contents

《穿越百年中国梦》总序

　　2012 年 11 月 29 日，党的十八大闭幕刚刚半个月，习近平总书记率领新一届中央政治局常委和中央书记处的同志，来到中国国家博物馆参观《复兴之路》基本陈列。

　　那天上午，习总书记一行轻车简从，9 时许来到国家博物馆，进入《复兴之路》展厅参观。一件件实物，一幅幅照片，一张张图表，一段段视频，把我们带回到近代以来跌宕起伏、波澜壮阔的难忘岁月。在 19 世纪末列强割占领土、设立租借地、划分势力范围示意图前，在鸦片战争期间虎门抗英的大炮前，在反映辛亥革命的文物和照片前，在《共产党宣言》第一个中文全译本前，在中华人民共和国第一面五星红旗前，在党的十一届三中全会照片前，习总书记不时停下脚步，认真观看，详细询问相关历史背景和文物情况。

　　在参观期间，习总书记发表了重要讲话。他说:《复兴之路》这个展览，回顾了中华民族的昨天，展示了中华民族的今天，宣示了中华民族的明天。中华民族的昨天，正可谓"雄关

中国国家博物馆前馆长　吕章申

漫道真如铁"。近代以后，中华民族遭受的苦难之重，付出的牺牲之大，在世界历史上都是罕见的。但是，中国人民从不屈服，不断奋起抗争，终于掌握了自己的命运，开始了建设自己国家的伟大进程，充分展示了以爱国主义为核心的伟大民族精神。中华民族的今天，正可谓"人间正道是沧桑"。改革开放以来，我们总结历史经验，不断艰辛探索，终于找到了实现中华民族伟大复兴的正确道路，取得了举世瞩目的成就。中华民族的明天，可以说是"长风破浪会有时"。经过鸦片战争以来170多年的持续奋斗，中华民族伟大复兴展现出光明的前景。现在，我们比历史上任何时期都更接近中华民族伟大复兴的目标，比历史上任何时期都更有信心、有能力实现这个目标。讲到这里，总书记环顾大家，深情阐述"中国梦"。他说："现在大家都在讨论中国梦，何谓中国梦？我以为，实现中华民族的伟大复兴，就是中华民族近代以来最伟大的中国梦。这个梦想，凝聚了几代中国人的夙愿，体现了中华民族和中国人民的

整体利益，是每一个中华儿女的共同期盼。实现中华民族伟大复兴是一项光荣而艰巨的事业，需要一代又一代中国人共同为之努力。我坚信，到中国共产党成立一百年时全面建成小康社会的目标一定能实现，到新中国成立一百年时建成富强民主文明和谐的社会主义现代化国家的目标一定能实现。我更坚信，中华民族伟大复兴的梦想一定能实现！"

我有幸全程陪同习总书记参观，为总书记一行讲解展览，并现场聆听习总书记关于"中国梦"的重要讲话，感受颇深，终生难忘。习总书记提出实现中华民族伟大复兴的"中国梦"，是时代的最强音，凝聚了全球中华儿女的心，成为激励中华儿女团结奋进，实现中华民族伟大复兴的一面精神旗帜。

《复兴之路》基本陈列回顾了 1840 年鸦片战争以来一百多年间，陷入半殖民地半封建社会深渊的中国各阶层人民，在屈辱和苦难中奋起抗争，为实现民族复兴进行的种种探索，特别是中国共产党领导各族人民争取民族独立、人民解放、国家富强、人民幸福的光辉历程。习总书记参观《复兴之路》并提出实现中华民族伟大复兴的中国梦命题后，中央国家机关、部队、企事业单位、社区街道、社会团体、学校等纷纷来到中国国家博物馆，沿着习总书记的足迹，参观《复兴之路》展览。《复兴之路》展览成为爱国主义教育的重要课堂。

2014 年，习总书记在有关讲话和批示中指出，历史是最

好的教科书，博物馆要让文物活起来，让文物说话，把历史智慧告诉人们，激发民族自豪感，坚定全体人民振兴中华、实现中国梦的信心和决心。中国国家博物馆和广东新世纪出版社有限公司落实习总书记的指示，以《复兴之路》基本陈列为基础，经过三年多艰苦工作，编写和出版了这套《穿越百年中国梦》丛书。组织和参与编写这套丛书的同志，大多数参加了《复兴之路》内容设计和布展工作，有的还现场聆听了习总书记关于"中国梦"的重要讲话。他们对《复兴之路》基本陈列不但理解深刻，而且怀有深厚感情。

习总书记指出：中国梦归根到底是人民的梦。有梦想，有机会，有奋斗，一切美好的东西都能够创造出来。习总书记希望广大青少年要勇敢肩负起时代赋予的重任，志存高远，脚踏实地，努力在实现中华民族伟大复兴的中国梦的生动实践中放飞青春梦想。

我相信，在中国共产党即将迎来百年华诞这个重大历史时刻，这套丛书的重印出版，对广大青少年牢记习总书记"不忘初心"的嘱托，更好地开展党史学习教育，增强实现中华民族伟大复兴中国梦的责任感，一定会起到促进作用。

吕章申

前　言

中国现代史学会会长　郭德宏

中华民族是一个有着自己梦想，特别是美好社会理想的民族。

两千多年前，我们的古圣先贤，就有"小康"和"大同"的社会理想。那时的"小康"理想，就是家家丰衣足食，人人遵守礼仪，互相谦让。那时的"大同"理想，就是天下人如同一家人，家家幸福，人人愉快，"路不拾遗，夜不闭户"。由于历代封建统治者都不代表广大的人民群众利益，古圣先贤的"小康"和"大同"社会理想都没有实现。

勤劳智慧的中国人民，创造了光辉灿烂的古代文明：强盛的汉代，繁荣的唐代，辽阔的元代，清初的盛世。那时，与世界上其他大多数国家和地区相比，中国富饶、强盛、文明、进步。用现代语言表述，那时的中国是"发达国家"，其他那些国家和地区则是"发展中国家"。然而，由于帝国主义入侵和封建主义统治腐败，中国落后了。从1840年鸦片战争中国战败到19世纪末，中国逐渐沦为半殖民地半封建社会，陷入将要亡国灭种的深渊。

从1840年鸦片战争开始，当时一些思想先进的中国人就寻求救国救民之道。林则徐、魏源开眼看世界，地主阶级的洋务运动，资产阶级维新派的戊戌变法，都试图在不根本触动封建统治的前提下富国强兵，但是都失败了。1894年孙中山创立革命团体兴中会，首次提出"振兴中华"口号。1902 年康有为完成《大同书》的写作，期望中国实现古圣先贤所憧憬的大同世界。1902 年梁启超发表《新中国未来记》，1904 年蔡元培发表《新年梦》，都憧憬中华复兴，雄立世界。近代以来，每一个中国人都满怀着复兴中国、振兴中华的梦想。但在半殖民地半封建社会的旧中国，中国人民的这一梦想不但没有实现，反而遭受着越来越严重的民族苦难。

1921 年，伟大的中国共产党成立，超越古圣先贤"小康"和"大同"的社会理想，提出了夺取反帝反封建胜利、建立人民当家做主政权、最终实现人类最美好最理想的共产主义社会的奋斗目标。中国共产党肩负起民族独立、人民解放的历史重任，领导中国人民，经过浴血奋战，于 1949 年建立了人民当家做主的中华人民共和国。新中国成立，是中华民族由衰落走向强盛的历史转折点，开启了中华民族伟大复兴的新纪元。

中华人民共和国成立后，毛泽东、周恩来等老一辈革命家，领导全国各族人民为实现国家富强、人民共同富裕的新的历史任务而奋斗。在党的领导下，中国确立了社会主义基本制度，成功实现中国历史上最伟大最深刻的社会变革，为中华民族的伟大复兴奠定了制度基础。与此同时，中国共产党领导全国人民进行大规模经济建设和文化建设，取得了旧中国几百年几千年所没有取得的成就，为实现中华民族伟大复兴奠定了基本的物质基础。

1978 年改革开放以来，以邓小平、江泽民、胡锦涛同志为主要代表的中国共产党人，全面推进社会主义现代化建设。神州大地，生机勃发。2010年，中国 GDP（国内生产总值）上升至 34 万亿元人民币，成为仅次于美国的世界第二大经济体，并一直保持至今。伴随着各方面的迅猛发展，中国迅速走向繁荣，国际地位不断提高，国际影响日益扩大。中国步入世界强国之列，为实现中华民族伟大复兴创造了现实条件。

2012年11月29日，习近平总书记率领新一届中央政治局常委和中央书记处的同志参观中国国家博物馆《复兴之路》基本陈列。习总书记在这里向全世界宣示"中国梦"，重申"两个一百年奋斗目标"，既是中国共产党对全国人民的郑重承诺，是党和国家面向未来的政治宣言，也是中华民族伟大复兴的总动员。中国的伟大发展，又一次站在新的历史起点上；中华民族的伟大复兴，揭开了历史新篇章。

以习近平同志为核心的党中央，"不负重托，不辱使命"，在实现中华民族伟大复兴中国梦的推动下，国民经济继续稳步发展，中国的国际地位更加提高，国际影响力更加扩大。我们现在比历史上的任何时期都更加接近中华民族伟大复兴这个目标，我们现在比历史上任何时期都有信心、有能力实现这个目标。

中国梦连接着过去与现在、历史与未来，连接着国家与个人、中国与世界。拥有五千多年文明历史的中华民族，曾经创造了辉煌的古代文明，走在世界前列，为人类社会发展做出了巨大的贡献。今天，中华民族的伟大复兴，不仅造福中国人民，而且造福世界人民。已经步入世界发展中大国的中国，理应承担起大国责任，对人类社会的发展进步，做出更大的贡献。

《穿越百年中国梦》丛书回顾了 1840 年鸦片战争以来一百多年间，陷入半殖民地半封建社会深渊的中国各阶层人民，在屈辱和苦难中奋起抗争，为实现民族复兴进行的种种探索，特别是回顾了中国共产党领导全国各族人民争取民族独立、人民解放、国家富强、人民幸福的光辉历程。这套丛书深刻揭示了历史和人民为什么和怎样选择了马克思主义，选择了中国共产党，选择了社会主义道路，选择了改革开放；深刻揭示了历史和人民为什么必须始终坚持高举中国特色社会主义伟大旗帜不动摇，坚持中国特色社会主义道路不动摇；昭示出没有共产党就没有新中国，就没有中国特色社会主义，只有社会主义才能救中国，只有改革开放才能发展中国、发展社会主义、发展马克思主义。

我相信，这套丛书的出版，能够使广大青少年读者更加深入地了解中华民族近代以来反对外来侵略史、人民解放的抗争史，了解中国共产党领导全国各族人民为中华民族伟大复兴而奋斗的创业史和改革开放史，为实现国家富强、民族振兴、人民幸福的中华民族伟大复兴的中国梦，夺取新时代中国特色社会主义伟大胜利，提供令人振奋的精神动力。

郭德宏

　　1949年10月1日，中华人民共和国成立，彻底推翻了压在中国人民头上的帝国主义、封建主义、官僚资本主义三座大山，实现了民族独立、人民解放和各民族大团结，开启了中华民族的历史新纪元。此后，党

开国奠基

和政府领导全国各族人民，一边继续同国民党残余武装力量斗争，建立健全各级人民政权；一边没收官僚资本，完善土地制度，发展国民经济；同时派遣志愿军抗美援朝，打出了国威，为更好地建设社会主义中国奠定了基础。

第一章

共和国诞生

VR融媒党史云课堂
党史学习就在我身边

1. 协商建国

1949 年 4 月 20 日至 21 日，中国人民解放军胜利渡
过长江，23 日，占领国民党统治中心南京，宣告了国民
党反动统治在中国大陆的覆灭。随后，各路大军继续向
全国胜利进军，解放广大国土。

国民党反动政府既已被推翻，成立中华人民共和国
的条件就已经成熟。为了协商建国，中国共产党决定召
开由各民主党派、各人民团体、各社会贤达组成的政治
协商会议，商讨成立民主联合政府。

1949 年 6 月 15 日至 19 日，新政治协商会议筹备会

在北平中南海召开第一次全体会议。参加会议的有中国共产党、各民主党派、各人民团体、各界民主人士、国内少数民族和海外华侨代表，共 23 个单位 134 人。15 日傍晚 7 时 40 分，当古老的都城亮起万家灯火时，与会的各位代表已端坐在中南海勤政殿中。少顷，毛泽东和其他领导人走进会场，大厅内顿时响起雷鸣般的掌声。

会议选出了由毛泽东、朱德、周恩来、李济深等 21 人组成的新政协筹备会常务委员会，负责起草共同纲领、拟订政府方案等，全面展开筹建新中国政权机构的工作。常委会推举毛泽东为主任，周恩来、李济深、沈钧儒、郭沫若、陈叔通为副主任。会议决定在常委会领导下设立 6 个小组，分别完成下列任务：

（一）拟定参加新政协的单位及其代表名额；

（二）起草新政协的组织条例；

（三）起草共同纲领；

（四）拟订中华人民共和国政府组织法方案；

（五）起草宣言；

（六）拟订国旗、国歌及国徽方案。

1949 年 9 月 17 日，新政协筹备会召开第二次全体会议，基本通过了由各小组起草的政协组织法草案、共同纲领草案和政府组织法草案。会议一致通过将"新政治协商会议"改称为"中国人民政治协商会议"，并确定参加中国人民政治协商会议第一届全体会议的单位 45 个，其中代表 510 人、候补代表 77 人、特别邀请代表 75 人，共 662 人。

在两次会议的基础上，1949 年 9 月 21 日至 30 日，中国人民政治协商会议第一届全体会议在北平中南海怀仁堂隆重召开。中国人民的领袖毛泽东致开幕词。

会议通过了《中国人民政治协商会议共同纲领》《中华人民共和国中央人民政府组织法》《中国人民政治协商

部分国旗、国徽稿样及国歌词谱

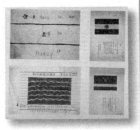

1949年9月30日，中国人民政治协商会议第一届全体会议选举出的中央人民政府主席毛泽东（左三）和副主席刘少奇（左一）、朱德（左二）、宋庆龄（左四）、李济深（左五）、张澜（左六）在大会主席台上

会议组织法》等重要文件。《中国人民政治协商会议共同纲领》是中华人民共和国人民政府的施政方针，在中华人民共和国成立后的一段时期内，起着临时宪法的作用，因此它得到了与会代表的热烈拥护。

会议还通过以下决议：

中华人民共和国的首都定于北平，北平改名为北京；中华人民共和国的纪元采用公元，今年为1949年；中华人民共和国国歌未正式制定前，以《义勇军进行曲》为代国歌；中华人民共和国国旗为五星红旗。

会议选举毛泽东等180人组成中国人民政治协商会

议第一届全国委员会，毛泽东任主席，周恩来、李济深、沈钧儒、郭沫若、陈叔通任副主席。

会议还选举毛泽东等 63 人为中央人民政府委员会委员，毛泽东任主席，朱德、刘少奇、宋庆龄、李济深、张澜、高岗为副主席。

30 日，会议一致通过《中国人民政治协商会议第一届全体会议宣言》，向全世界庄严宣布："中华人民共

参加开国大典的北京群众

和国现已宣告成立，中国人民业已有了自己的中央政府。""中国的历史，从此开辟了一个新的时代。"中国人民政治协商会议第一届全体会议圆满完成了创建中华人民共和国的光荣使命，为建立一个独立、民主、和平、统一和富强的新中国，为全世界人民争取和平民主事业和人类美好的未来，做出了不可磨灭的历史贡献。

2. 开国大典

1949 年 10 月 1 日，中华人民共和国开国大典在首都北京天安门广场隆重举行。

这一天，天安门城楼粉饰一新。高高的城墙上横挂着的巨幅彩绸写着："中华人民共和国中央人民政府成立典礼。"城楼上飘扬着八面鲜艳的红旗，正中券门上方悬挂着毛泽东主席的巨幅画像。天安门城楼两侧的红墙上，横挂起"中华人民共和国万岁""中央人民政府万岁"2 条巨大的横幅标语。广场中央，刚刚落成的一根高达22 米的铁旗杆挺拔耸立。

毛泽东在天安门城楼上宣读《中华人民共和国中央人民政府公告》，宣告中华人民共和国成立

　　从清晨开始，工人、师生、机关工作人员、市民、近郊农民、城防部队等首都各界 30 万群众，手执红旗，高擎彩灯，喜气洋洋地从四面八方陆续赶赴天安门广场，等待着开国大典这一庄严时刻。

　　下午 2 时 55 分，中央人民政府主席毛泽东和一代开国元勋们健步登上天安门城楼。

　　下午 3 时整，中央人民政府秘书长林伯渠宣布开国典礼开始。毛泽东主席向全世界庄严宣告：中华人民共和国中央人民政府今天成立了！顿时，天安门广场上，群众的欢呼声、鼓掌声响成一片，整个广场成了欢乐的海洋。

随后，毛泽东主席亲手按动通往广场电动旗杆的电钮。第一面耀眼夺目的五星红旗在天安门广场冉冉升起。与此同时，54门礼炮齐鸣28响。这54门礼炮，象征着参加中国人民政治协商会议第一届会议全体代表的54个单位，28响则象征着中国共产党自1921年成立起到1949年中华人民共和国成立期间领导中国人民英勇奋斗的28个春秋。参加开国大典的30万群众肃立致敬，注视着庄严而美丽的五星红旗在天安门广场上空徐徐上升。

随后，毛泽东主席宣读了《中华人民共和国中央人民政府公告》：本政府为代表中华人民共和国全国人民的唯一合法政府。凡愿遵守平等互利及互相尊重领土主权等项原则的任何外国政府，本政府均愿与之建立外交关系。

接着，中国人民

开国大典上使用的礼炮

解放军总司令朱德乘坐敞篷汽车，在阅兵总指挥、华北军区司令员兼京津卫戍区司令聂荣臻的陪同下，在《三大纪律，八项注意》的雄壮军乐声中，沿东长安街、东单广场，直到外国领使馆聚集的东交民巷，检阅肃立严

历史掌故

中华人民共和国第一面五星红旗

1949年9月27日，中国人民政治协商会议第一届全体会议通过决议：中华人民共和国国旗为五星红旗，旗面红色象征革命，5颗五角星象征中国共产党领导下的革命人民大团结。9月28日起，北京人民掀起赶制国旗的热潮，被服厂、成衣厂的职工和广大居民都行动起来，不分昼夜地赶制国旗。10月1日下午3时，北京30万军民齐聚天安门广场，隆重举行中华人民共和国中央人民政府成立典礼。毛泽东主席在天安门城楼上亲手按动电钮，将象征中华人民共和国成立的第一面国旗冉冉升起。这面国旗的设计者是来自上海时年31岁的曾联松。它长460厘米，宽338厘米，旗面为红色绸料，五星为黄色缎料，1颗大星位于左边（正立），4颗小星位于右边环绕大星，每颗小星均有一个角尖正对大星。

整的三军部队。随后，各受阅部队由东向西，雄赳赳、气昂昂接受检阅。

傍晚，长安街上华灯齐放，无数彩色礼花从天安门广场四周发射升空。广场上遍地火龙翻滚，满天彩花飞迸。随后，群众提灯游行开始，长龙般的提灯游行队伍穿越全城。整个首都北京，到处是飘扬的红旗，到处是耀眼的红灯笼，到处是欢乐的人群，到处是沸腾的海洋。

在这举国欢腾的日子里，新老解放区及一些大中城市，都举行了声势浩大的庆祝活动，欢庆新中国的诞生。

中华人民共和国的成立，是中国历史上开天辟地的大事件。中国共产党自1921年成立到1949年，领导中国人民经过了28年艰苦卓绝的奋斗，彻底推翻了压在中国人民头上的帝国主义、封建主义、官僚资本主义3座大山，实现了民族独立、人民解放和各民族的大团结，开启了中华民族历史的新纪元。

中华人民共和国的诞生，使我们伟大的中华民族，从此以崭新的姿态，巍然屹立在世界的东方。

[后页油画《开国大典》，董希文1953年作]

第二章

巩固新政权

VR融媒党史云课堂
党史学习就在我身边

1. 统一中国大陆

中华人民共和国成立后，中国共产党面临的最重要的任务，是解放一切尚未解放的国土。为此，解放军又踏上了新的征程。

在华中、华南战场，在华东战场，在西北战场，在西南战场，解放军采取多种作战方式，同国民党反动军队展开生死较量，以秋风扫落叶之势迅速解放了广州、福建、厦门、成都、重庆等各大城市及地区，消灭了国民党残余武装。

在解放祖国边疆、海岛、少数民族等敌占区时，解放军同国民党军队的战斗震天撼地。

解放军进军大西北后，在不到 2 个月的时间里，甘肃、青海、宁夏就全部得以解放。新疆孤悬塞外，但是，随着驻守酒泉的国民党部队起义，进军新疆的大门随之被打开。1949 年 9 月 29 日，国民党新疆警备司令陶峙岳和国民党新疆省政府主席包尔汉宣布起义，新疆和平解放。然而，若要新疆这片辽阔的疆土彻底安定下来，必须要有解放军的进驻。

10 月 1 日，在开国大典结束后的晚上，毛泽东专门会见了彭德怀，商量进军新疆事宜。经过详谈，二人一致认为应由王震率兵进驻新疆，把西北建设成第二个南泥湾。

王震受命后，马上率第一野战军部分兵团展开入疆准备工作。入疆大军准备了 900 多辆汽车和 45 架飞机，又从地方征集商务用车近百辆，共同担负长途运输任务。兵团还印发了《到新疆去，解放新疆人民》《人民解放军是各族人民的好朋友》等多种宣传材料，散发给新疆各族人民；筹集了大量粮食、汽油、棉衣冬装；在进军沿

入疆汽车大队整装待发

途设立了补充站、加油站、休息站、大补给站；等等。
10月5日，入疆部队誓师出发。"白雪罩祁连，乌云盖
山巅，草原秋风狂，凯歌进新疆。"战士们高唱着由王震
将军的这首诗作谱成的战歌，雄赳赳气昂昂地走向帕米
尔高原，驻守新疆。

1949年12月，人民解放军第四野战军已经解放了
雷州半岛，隔琼州海峡对望的就是我国第二大岛——海
南岛。指战员们望着波涛滚滚的大海，恨不得一步就跨
过海峡，解放海南岛。然而，茫茫大海成了天然的阻碍。
当时，大陆刚刚解放，解放军尚无海军，更别说海上作

战经验。要想渡海登岛，唯一的办法就是变陆军为海军，用木帆船跨越海峡。

陆军变海军，木帆船打舰艇，既是史无前例的创举，也是空前的难题。遵照党中央、毛泽东的指示，一场海上练兵运动如火如荼地展开了。大家千方百计搜集各种海洋和海战知识：滩头、海上，处处是课堂；渔民、船工，人人是顾问。荡秋千，走浪桥，练摇橹，学掌帆，"做大海的主人"等口号响彻每个官兵心中。经过1个多月的勤学苦练和不懈努力，部队彻底消灭了晕船现象，还学会了海上行船的本领。这奇迹般的速度令许多老船工惊叹："神兵！"

1950年4月，千百艘木船扬帆出海，直奔海南岛，大规模渡海作战开始了！勇士们冒着敌人的疯狂扫射、炮轰，勇猛还击，迎着纷飞的弹雨奋勇前进。千百条蛟龙劈波斩浪，冲向岸边。登上岸的战士像下山猛虎一样，冲向敌阵。战士们在琼崖纵队的配合下，战至5月1日，便解放了海南岛全境，红旗插到了天涯海角。

1950年春天，驻扎在富饶的川南地区的解放军还来

历史掌故

海南岛战役时琼崖纵队用的联络灯

这盏联络灯是当年海南岛战役时琼崖纵队为配合解放军登陆作战时使用的。琼崖纵队是一支"英雄的军队"，历经长期艰苦卓绝的斗争考验，为中国革命胜利和海南解放立下了不朽的功勋。其前身为琼崖工农红军，是以1927年9月海南岛农民起义队伍为基础组建的。抗日战争爆发后，琼崖特委根据中国共产党的抗日民族统一战线政策，与国民党当局经过1年多的谈判，达成了团结抗日的协议，并于1938年12月5日在琼山县云龙圩将琼崖红军游击队改编为广东省民众抗日自卫团第十四区独立队，冯白驹任队长。改编时队伍约300人，被编为3个中队。在抗日战争时期，琼崖抗日游击队独立纵队沉重地打击了海南岛的日伪军。至抗战胜利，纵队发展到7000多人，解放了海南岛五分之三的地区，成功支持了其他战场的抗战。到海南解放时，纵队总人数已达2.5万余人，为我们后代留下了宝贵的精神财富。

不及看一眼刚刚解放的巴山蜀水，便随着一声令下，毫不犹豫地踏上了进军西藏的征途。

部队晓行夜宿，跋山涉水，历尽磨难。在恶劣的自

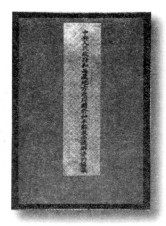

《中央人民政府和西藏地方政府关于和平解放西藏办法的协议》（汉、藏文文本）

然环境和行军条件下，战士们不在乎苦与累，首先想到的是民族政策和宗教政策。

进军途中，不管是风雪漫天，还是大雨瓢泼，或是暗夜茫茫，解放军指战员都不进寺庙，不住民房，不动群众一草一木，还为生病的藏族同胞送医送药。战士们饿了，几个人分一碗炒面；渴了，喝雪水。

这支有着严明纪律的部队，使藏族同胞了解了他们祖祖辈辈没听过也没见过的"新汉人"，也因此备受藏族同胞的爱戴。10 月，第一野战军第 18 军发起昌都战役，歼灭反动藏军 5 700 多人，解放了昌都，打开了进军西

西藏人民和解放军入藏部队在拉萨布达拉宫广场举行大会，庆祝西藏和平解放。中华人民共和国国旗在广场上空迎风飘扬

藏的大门，促使西藏地方政府接受了中共中央和中央人民政府关于和平解放西藏的提议。

1951 年 4 月下旬，西藏地方政府派出以阿沛·阿旺晋美为首的代表团和班禅率领的致敬团相继到达北京。以李维汉为首的中央人民政府代表团与西藏地方政府代表团经过谈判，于 5 月 23 日签订了《西藏和平解放协议》，西藏宣告和平解放。10 月 26 日，人民解放军进驻拉萨。

历史掌故

《西藏和平解放协议》

　　《西藏和平解放协议》全称《中央人民政府和西藏地方政府关于和平解放西藏办法的协议》，于 1951 年 5 月 23 日在北京签订。协议共 17 条，主要内容是：驱逐帝国主义势力出西藏，实现西藏同祖国大家庭的统一；西藏地方政府积极协助人民军队进入西藏，西藏军队逐步改编为人民解放军；在中央人民政府统一领导下，西藏实行民族区域自治，实现西藏民族内部的团结；实行宗教信仰自由政策；根据西藏的实际，逐步发展西藏的农牧、工商业和文化教育事业，改善人民生活；西藏地区的一切涉外事宜由中央人民政府统一处理。该协议的签订，宣告了西藏和平解放，为国家统一、民族团结大业，以及西藏民主改革、经济发展奠定了坚实基础。

　　至此，除台湾和一些岛屿、香港、澳门外，中国大陆全部解放。

2. 镇压反革命

　　中华人民共和国成立之初，大陆境内还散布着大量国民党反动派和帝国主义遗留下的反革命分子，威胁着新生的共和国。

当时，国民党残兵和敌视新中国的土匪武装有200余万人，特务间谍分子有60多万，反动党团分子有60多万。他们建立起"反共救国军""忠义军""光复军"等反革命组织，杀害干部、群众，烧毁仓库、房屋，袭击、围攻基层人民政府，破坏城乡交通，抢劫、杀人，散布谣言，无恶不作。

为巩固新生的人民政权，1950年10月10日，中共中央发出了《关于镇压反革命活动的指示》，要求各级党委发动群众，大张旗鼓地开展镇压反革命运动。

从1950年冬天开始，全国范围内展开了镇压反革命运动。运动打击的重点对象是特务、土匪、恶霸、反动党团骨干及反动会道门头子。由于中国共产党领导有力，政策明确，宣传深入，全民行动，到1951年3—4月，镇压反革命运动已形成轰轰烈烈的高潮，反革命分子完全陷入人民布下的天罗地网中。

在反革命分子活动猖獗的广西玉林县，群众自发组

镇压反革命运动期间，北京某地召开的镇压反革命大会

织起来捉土匪，3天就捉了130人。

湘西凤凰地区的大土匪头子龙云飞，恶贯满盈，苗族同胞恨之入骨，民众对解放军说："只要你们镇压，我们就能抓住他。"在得到保证后，1万余名苗族群众开始有组织地搜山，3天后，顽固透顶、拒不投降的龙云飞被击毙。

天津市群众曾先后协助政府捕获反革命分子730余人。有许多群众自备干粮，自出路费，远道外出，追捕逃跑的土匪恶霸。在河南信阳专区，群众共检举恶霸

664 名，远道捕回匪首 175 名。川南区不少群众自动集资，组织"远征队"与"飞虎队"，协助政府捕回已逃亡的反革命分子 1 500 余人。

苏南区有个恶霸藏在稻草堆里，被一位老婆婆发现，他哀求老婆婆不要告发。老婆婆说："天是棺材盖，地是棺材底，你逃来逃去还在棺材里。"恶霸最终还是被捉了。

反革命分子在人民群众天罗地网般的围捕下，走投无路。一名绝望的土匪头子曾向他的上司报告说，他的下场有"五死"，或饿死，或冻死，或爬山跌死，或被解放军打死，或被民兵打死。

在镇压反革命运动中，由于全国广大人民群众纷纷行动起来，保证了运动的完全彻底，就连解放前作恶多端的反革命分子也被深挖了出来。这类反革命分子主要有：直接参与过杀害中国共产党创始人之一的李大钊同志的刽子手，杀害赵一曼、刘胡兰等革命志士及爱国人士的日伪、特务、反动军官等，尽管他们在 1949 年后费尽心思伪装身份，隐藏得很深，但还是被各地群众揭发检举出来，受到了应有的制裁。

镇压反革命运动，到 1951 年 10 月基本结束。经过镇反，全国社会治安状况迅速好转，人民过上了真正的安定生活。

3. 抗美援朝，保家卫国

中国和朝鲜山连山、水连水，是唇齿相依的好邻邦。第二次世界大战结束时，美军和苏军在朝鲜半岛以北纬 38 度线（简称三八线）为界，在南北两边分别接受日军投降，原本统一的朝鲜被人为分割为南、北两部分，也就是今天的朝鲜与韩国。

正当豪情万丈的中国人民，准备着手国民经济建设、医治长期战乱所带来的创伤时，1950 年 6 月 25 日，朝鲜内战爆发。很快，美国政府决定对朝鲜实行武装干涉，并派其第七舰队入侵中国台湾海峡。7 月 7 日，美国操纵联合国安理会通过决议，成立了由美国指挥的"统一司令部"，打着联合国的旗号，组织"联合国军"开入朝鲜半岛作战。

与此同时，侵朝美军不顾中国政府多次警告，出动飞机对中国东北边境领空进行轰炸、扫射，炮击我国商船，给中国人民的生命财产造成严重损失。中国的国家安全受到严重威胁。

危急关头，中国政府应朝鲜党和政府的请求，做出了抗美援朝、保家卫国的重要决策。

1950 年 10 月 19 日，中国人民志愿军第一批入朝部队总计 25 万余人，雄赳赳气昂昂地跨过鸭绿江，开赴朝鲜前线。中国人民志愿军入朝后，从 1950 年 10 月 25 日到 1951 年 6 月 10 日，连续进行了 5 次战役，歼敌 23 万多人（其中美军 8 万余人），有力打击了美军的嚣张气焰，打出了新中国的国威，从根本上扭转了朝鲜战局，使战线稳定在三八线一线，迫使敌人坐到谈判桌上，与中朝人民进行停战谈判。

1951 年 7 月，双方开始进行停战谈判。在谈判较量中，美国以"军事实力"配合谈判，企图从战场上得到谈判桌上得不到的东西，致使朝鲜战争进入边打边谈，军事斗争与外交斗争交织进行的阶段。

为迫使中朝人民接受其无理要求，美国在谈判期间多次发动攻势，进行绞杀战，甚至细菌战。中朝人民英勇还击，以阵地防御和运动反击相结合的作战方法，积小胜为大胜，大量歼灭敌人的有生力量。

1952 年 10 月 14 日至 11 月 25 日的上甘岭战役，是停战谈判期间最著名的战役。此役，美军先后投入 6 万

历史掌故

反"空中绞杀"作战

在中朝军队五战五捷，迫使美方坐到谈判桌旁后，美国并不服输，竟投入其全部空军的五分之一，企图以"空中绞杀"压迫中朝方面屈服。1951 年 9 月，新组建的志愿军空军首次投入反"绞杀"作战，在清川江以北实施掩护作战，击落美机多架。1952 年 2 月 1 日，志愿军飞行员张积慧驾驶米格 -15 战斗机在博川郡上空，击落美空军第四联队"王牌飞行员"戴维斯驾驶的 F-86 战斗机。美远东空军司令威兰哀叹，这是"对远东空军的一大打击"。1955 年 5 月，中国人民保卫世界和平反对美国侵略委员会特意用戴维斯座机残骸制作了一个烟灰碟，赠给中国人民赴朝慰问团作为纪念品。

上甘岭战役中，志愿军依托坑道对敌人实施反击

多兵力，在飞机、坦克、大炮狂轰滥炸的配合下，对我军不足 3.7 平方千米的上甘岭 2 个高地，发动极其猛烈的攻势。志愿军第三兵团第 15 军在这个只能展开 2 个连的狭小阵地上，依托坑道，坚守阵地，寸土不让，英勇程度惊天地泣鬼神。这场惨烈搏杀断断续续打了 43 天，我军共打退敌人 670 多次冲锋，歼敌 2.5 万余人，取得了上甘岭战役的胜利，向世界证明了中国军队的战斗力。

朝鲜战场上，涌现出了许多可歌可泣的战斗英雄。

他们每每在危急时刻就拉响手榴弹、手雷、爆破筒、炸药包，与敌同归于尽，不惜舍身炸敌地堡、堵住敌人枪眼。如中国人民志愿军特级英雄黄继光，他在上甘岭战役中用自己的身体堵住了敌人正在扫射的机枪射孔，为部队打开通路、完成攻克高地的任务而壮烈牺牲。再如战斗英雄邱少云，在上甘岭地区的战斗中，他与战友奉命潜伏在距敌人 60 米的山脚下，配合大部队发动进攻。潜伏中，他被敌人的燃烧弹引起的烈火烧身，为了不暴露部队潜伏地点，他忍受剧痛，坚持不动，直至壮烈牺牲，保证了整个战斗的胜利。志愿军将士们的英勇战斗使敌人在朝鲜战

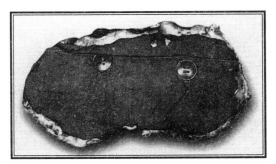

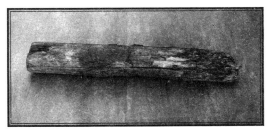

上图是邱少云烈士遗体下残留的棉军衣碎片

下图是黄继光牺牲时所在地堡上的一段横木

1953年7月27日，历时3年多的朝鲜战争以《朝鲜停战协定》在板门店的签订而告终，图为朝鲜人民欢送中国人民志愿军归国

场上更加被动，加速了朝鲜停战谈判的进程。

在抗美援朝过程中，全国人民在后方以实际行动支援前线，开展了轰轰烈烈的抗美援朝运动。人们努力生产，积极支援前线；青年踊跃报名参军参战；群众纷纷捐物，捐款。5亿中国人民成为中朝军队的坚强后盾。

中朝两国军民经过 3 年多的浴血奋战以及谈判斗争，最终迫使美国于 1953 年 7 月 27 日在板门店签署了《朝鲜停战协定》，抗美援朝战争取得了伟大胜利。

当天上午 10 时，朝中代表团首席代表南日大将和"联合国军"谈判代表哈利逊中将在板门店，正式签署《朝鲜停战协定》，随后将文本送交双方司令官签字。

同日，金日成元帅和彭德怀司令员向朝中军队发布停战令。至此，朝鲜停战终于实现了，历时 3 年零 1 个月的朝鲜战争和 2 年零 9 个月的抗美援朝战争宣告结束。

中国人民志愿军和朝鲜人民军一道浴血奋战，最终赢得了这场战争的胜利。而当时的"联合国军"总司令克拉克则哀叹："我获得了一项不值得羡慕的名声，我是美国历史上第一个在没有取得胜利的停战协定上签字的司令官。"

第三章

人民做主人

扫码体验

VR融媒党史云课堂
党史学习就在我身边

1. 土地改革

土地自古以来就是农民的生存之本。中华人民共和国成立后，在广大新解放区实行土地改革，既是继续完成民主改革的主要任务，也是刚刚成立的新中国恢复和发展国民经济的根本条件。

从1950年到1953年，中国在新解放区开展了历史上规模最大的土地改革运动。

1950年6月，中央人民政府委员会通过了《中华人民共和国土地改革法》。随后，中央人民政府颁布了《农民协会组织原则》《人民法庭组织通则》和《关于划分农村阶级成分的决定》等文件。这些法令、通则和决定，明确规定了土地改革的路线、方针、政策，是全国土地改革的指导性文件。

《中华人民共和国土地改革法》的颁布，为新解放区土地改革运动提供了法律依据和指导方针。从此，全国有计划、有步骤地开展了土地改革工作。各地区严格贯彻落实土地改革的总路线和总政策，依靠贫农、雇农，团结中农，没收富农、地主的土地，分给无地或少地的农民耕种，同时，也分给富农、地主应得的一份，让他们自己耕种，自食其力。

土地分配确定后，各地区召开全体群众大会，发放新地契、新房契和焚烧旧地契、旧房契。当旧的地契、房契被付之一炬，千百年来束缚农民的枷锁终于被彻底解除时，会场顿时欢声雷动，欢呼声、掌声经久不息。随后，大会隆重发放新的、盖有中华人民共和国人民政府大红印章的土地证。每个拿到大红土地证的农民都如获至宝，满脸都是发自内心的欢笑。

从全国范围来讲，自 1950 年冬天开始，到 1952 年

翻身农民热烈欢呼土地改革法颁布

年年底，占全国人口大多数的新解放区的土地改革运动
已基本完成。除部分少数民族地区外，全国有 3 亿多无
地或少地的农民分得了总数约 7 亿亩的土地和大量生产、
生活资料。

土地改革消灭了农村的地主阶级，改变了农村的阶
级结构。经过土地改革，农业人口中人数最多的贫农、
雇农，因为分得了土地和农具、房屋，迅速上升为中农，
即普遍的"农村中农化"。他们也随即成为人民民主政权
的坚强基础。农民的政治觉悟和生产积极性空前提高，
农业生产迅速得到恢复和发展，粮食产量呈现出逐年上

升趋势。

土地改革的胜利完成，彻底摧毁了封建土地制度，消灭了封建地主阶级，农民在获得土地的同时，摆脱了两千年来封建宗法的人身束缚，翻身成为主人，为国民经济的发展和中国的工业化创造了条件。

2. 清除"污泥浊水"

在中华人民共和国成立初期，城市中一般都遗留有大量的旧社会痼疾，诸如贩毒吸毒、卖淫嫖娼、设庄赌博等。这种社会畸形发展的产物，严重毒害着社会环境和人民身心。新政府成立后，决定彻底消灭这些社会祸患。

众所周知，中国近代史是从鸦片战争开始的。鸦片并非我国原产，而是从外国传入的。至1949年中华人民共和国成立前夕，全国种植罂粟（鸦片的原料）的面积高达100万公顷，全国4亿多人口中，吸毒成瘾者达2 000多万。吸食鸦片的人，浑身无力，骨瘦如柴，身心俱损。工人吸食后不想做工，农民吸食后不想种田，整

个社会经济崩溃，民不聊生。为彻底禁绝鸦片，1950 年
2 月 24 日，中央人民政府政务院颁布了《严禁鸦片烟毒的
通令》，禁止种植、制造、贩运、售卖、吸食，违者严惩。

《通令》发布后，各地人民政府立即行动起来，铲
除种植的罂粟，侦破制毒贩毒案件，查封烟摊烟馆，焚
毁毒品烟具，处决罪大恶极的毒贩，组织烟民戒烟，在
全国范围内掀起了禁绝鸦片的运动。同时，在运动中严
格执行封闭烟馆、收缴毒品、改造烟民、普遍戒烟措施，
取得了很大成就。

收缴的烟具和赌具

1952 年 4 月 15 日，中共中央发出《关于肃清毒品流行的指示》。5 月 21 日，政务院再次颁布《严禁鸦片烟毒的通令》。7 月，中共中央宣传部、公安部联合发出《关于禁毒的宣传指示》。禁烟禁毒掀起第二个高潮。在充分发动群众的基础上，在中央指挥下，各省市进行了集中性的大破案、大逮捕。

这场禁烟禁毒运动，声势浩大，场面宏伟，群众踊跃，堪称一场禁烟禁毒的人民战争。

在我国少数民族地区，也有些农、牧民种植罂粟。从 1953 年开始，少数民族地区也开始了禁烟禁毒运动。

在禁毒过程中，本着首先清除少数民族聚居区内的汉族毒犯，为禁烟禁毒做示范，向少数民族宣传党和政府的禁烟禁毒政策和民族政策，促使少数民族群众觉悟起来，自觉自愿地禁止种植、吸食，以及充分尊重少数民族上层意见，禁烟禁毒与解决群众实际困难相结合，及时向"弃烟还农（牧）"的烟农发放生产补助款和救济粮，及时组织医疗队、贸易小组深入烟区，使烟区人民的生活和身体得到彻底的保障等原则，少数民族地区的禁烟禁毒工作，虽然始终坚持谨慎缓进，但成绩斐然。到 1963 年，少数民族地区的禁烟禁毒工作终于完成，从而实现了在中国大陆禁绝鸦片的彻底胜利，使新中国成为世界著名的"无毒国"。

娼妓是旧中国遗留下的另一毒瘤。国民党统治时期，娼业兴盛，各大中小城市，妓院公开经营。甚至繁华一些的乡镇，也有大小不等、档次不一的妓院。许多被穷困所逼的穷苦妇女沦为妓女，她们的身心、身体受到严重摧残，经受着人间地狱的苦难。新中国绝不允许这一绵延上千年的社会毒瘤继续留存。中华人民共和国成立后，各地人民政府根据不同情况，采取不同措施，坚决取缔了各地妓院，铲除了这一痼疾。

首都北京率先采取了重大行动。1949 年 11 月 21 日，北京市第二届各界人民代表会议一致通过了"立即封闭全市一切妓院"的决议案。当晚，2 400 多名干部战士连夜封闭了全市所有妓院，没收了妓院财产，审讯和处理妓院老板，并把妓女集中起来，改造思想，有家者送回家，有结婚对象者劝其结婚。无家可归者组织学艺，

获得新生的妇女在工厂学习生产技能

从事生产。经过学习教育，她们当中绝大部分都成了自食其力的劳动妇女，过上了正常生活。

上海、天津、武汉、南京等各大城市也都陆续取缔了卖淫嫖娼，到 1951 年年底，全国各地取缔娼妓工作基本结束，使一大批被迫为娼的妇女脱离苦海。旧中国长期以来严重摧残妇女的社会丑恶现象，在中华人民共和国成立后短短几年内基本绝迹，广大人民群众为之拍手称快。

经过努力，烟毒、娼妓及其他一些在旧中国屡禁不

爱国卫生运动

中华人民共和国成立后，除战争创伤与鸦片、娼妓等旧社会遗毒外，还面临着各种传染病严重威胁人民健康的问题。1952年，毛泽东发出了"动员起来，讲究卫生，减少疾病，提高健康水平"的号召，爱国卫生运动在全国范围内迅速开展起来。经过全方位努力，曾给中国人民带来沉重灾难的鼠疫、天花等急性传染病，中华人民共和国成立不久便陆续绝迹了。1958年，毛泽东从报纸上看到江西省余江县消灭了血吸虫病后，还欣然提笔写下了诗篇《送瘟神》："绿水青山枉自多，华佗无奈小虫何。千村薜荔人遗矢，万户萧疏鬼唱歌。坐地日行八万里，巡天遥看一千河。牛郎欲问瘟神事，一样悲欢逐逝波。"

绝、在西方社会也被视为不治之症的社会危害，在党和人民政府的领导下，得到了彻底的解决。

3. 工矿企业改革

在旧中国半殖民地半封建社会的历史条件下，所有资本主义企业都不同程度地存在着封建主义残余势力和封建主义剥削方式。在工厂、搬运行业、煤矿产业中，有一批专擅勾结地方官府，依靠封建势力，把持一方或某一行业，剥削奴役工人和其他群众，作恶称霸的人。这些封建把头、反动帮会、恶霸地痞等把持生产和管理，欺压工人并对工人实行残酷剥削。这些封建残余势力不彻底清除，工人们就不可能真正解放，开展新生活。

为解放企业内部生产力，把旧社会的工矿企业改造成社会主义企业，从1950年年初起，新中国对各城市和各工矿企业展开了大规模民主改革运动。

这场民主改革运动，改造了旧的领导机构，建立了新的领导制度和组织机构，如建立发展党组织，选举成立工厂管理委员会和职工代表大会，实行厂长负责制和工人民主管理相结合等；废除搜身制、把头制、包工制，在一般企业中实行党领导下的班组、车间、厂矿三级管理制度；改革旧的分配关系，初步建立按劳分配制度——主要是通过提高工人工资以消除管理人员和工人工资差别过大的问题；消灭城市和企业中的宗派和帮派组织，消除工人队伍内部对立，加强整个工人阶级的团结。

北京建筑工人召开反封建把头大会

从 1950 年到 1952 年年底，中央人民政府、政务院、中华全国总工会发出了一系列决议、指示、办法等文件。随后，全国各大、中、小城市，从煤矿工业开始，到搬运业、纺织业等各行各业，开展了轰轰烈烈的民主改革运动。

由于广大工人、群众的支持和参与，民主改革进程行之有效，发展迅速，很快打垮了城市中的封建残余势力，调整了企业内部的生产关系，提高了工人的政治地位，受到广大群众的热烈拥护。

1950 年 2 月 9 日，中华全国总工会通过了在全国纺织工业《关于废除"搜身"的决议》。在上海，废除"搜身制"的消息刚传到各纺织厂，便马上掀起热烈的狂欢。

中纺一机厂 62 岁的老工人施才郎愉快地说："我做了 44 年工，一直被人看不起，现在搜身制被废除了，今后我可以自由地进出，工人阶级真正翻了身。"中纺十九厂一位女工也激动地说："只有在共产党领导下，我们才享受到这样的福，我们一辈子也忘不了这恩情。"中纺十厂在车间里挂上一面大红旗，上面写道："为啥今天不搜身？只因来了共产党。"中纺十二厂的工人则在大门口贴上对联，上联是"五十年枷锁一旦废除，咱们翻身做主人"，下联是"无数年压迫从此解放，工人齐心忙生产"。

事实证明，废除旧制度后，工人、群众都欢庆真正的解放，更加爱护工厂，更加有国家主人翁意识，从而有效调动了广大工人、群众当家作主和搞好生产的积极性，为新中国此后进行大规模经济建设奠定群众基础创造了条件。

4.《中华人民共和国婚姻法》

中华人民共和国成立前，中国的婚姻制度中存在着很多男尊女卑、歧视女性、压迫女性的封建陋习，包办婚姻、买卖婚姻、早婚、虐待妇女、干涉寡妇再嫁、童养媳、纳妾、典妻、租妻、换妻、等郎妻、望郎妻等封建愚昧现象大量存在。

为把妇女从封建婚姻制度的锁链中解放出来，1950年4月13日，由毛泽东主持的中央人民政府委员会第七次会议通过了《中华人民共和国婚姻法》。这是新中国的第一部法律。5月1日，中央人民政府将该法颁布实行。同日，全国总工会、青年团中央、民主青联、全国学联和全国妇联发出了拥护《婚姻法》的联合通知。

《中华人民共和国婚姻法》分"原则""结婚""夫妻间的权利与义务""父母子女间的关系""离婚""离婚后子女的抚养和教育""离婚后的财产和生活""附则"，共8章27条。其中明确规定："废除包办婚姻、男尊女卑、

北京市民收听《婚姻法》宣传广播

漠视子女利益的封建主义婚姻制度。实行男女婚姻自由、一夫一妻、男女权利平等、保护妇女和子女合法利益的新民主主义婚姻制度。"《婚姻法》还规定："禁止重婚、纳妾。禁止童养媳。禁止干涉寡妇婚姻自由。禁止任何人借婚姻关系问题索取财物。"这是几千年来中国社会家庭生活的伟大变革，也是中国人民反封建斗争的深入进行，它切实地推进了我国女性的解放。

《婚姻法》颁布后，从 1950 年下半年起，全国范围内掀起了组织学习《婚姻法》运动，通过各种形式，包括听

历史掌故

男尊女卑

封建社会讲究"媒妁之言、父母之命",强调"夫为妻纲",要求女性"三从四德"。女性既无恋爱自由,也无婚姻自主权,婚姻全由父母包办,嫁人后必须绝对服从于丈夫,而且丈夫可以娶三妻四妾,也可以休妻,而妻子即使是在丈夫死后改嫁也会被视作伤风败俗,男女地位严重不平等。此外,封建社会还为女性设置了诸多条条框框,全面禁锢、摧残女性的身心,比如缠足。

广播、办培训班等,向人民群众进行《婚姻法》教育。

但在初期,有些地方干部因为政策水平较低,出现了一些令人啼笑皆非的随意干涉现象。如在土地改革地区,地主子女与地主子女结婚,区政府发给结婚证;地主子女与贫农子女结婚,却遭到拒绝,认为这是地主阶级通过婚姻关系拉拢贫雇农,所以不准结婚。某地有个贫农因为不能和地主女儿结婚,告到了地区法院。而法院居然支持区政府,并做出如下判决:"土地改革期间,为了纯洁农民内部,防止地主钻空子破坏起见,得由农会动员贫雇农和中农成分的男子暂不和地主家庭的女儿结婚，但不能强迫。"虽然有"不能强迫"四个字，本质上还是反对婚姻自由。贯彻《婚姻法》运动委员会对此做出了正确解释：政府对请求结婚登记者的审查，不是根据一方或双方是何阶级，而是应查明是否双方自愿？是否属于重婚、纳妾？是否不够婚龄？是否直系血亲？是否有生理缺陷？如没有违反上述规定，政府就应该给予登记，不能根据阶级成分而予以拒绝。

通过大规模的贯彻、宣传《婚姻法》活动，《婚姻法》逐渐深入人心。北京郊区农民袁荣和自由恋爱的女友杨淑英，在《婚姻法》颁布后得以正式结婚，成为当地佳话。当时，适龄青年男女由于自由恋爱成亲，生活幸福美满，大大提高了劳动生产积极性，报纸电台时常出现诸如新婚夫妻劳动竞赛之类报道。

总之，1950 年的《中华人民共和国婚姻法》是新中国成立后第一部重要立法，它彻底废除了几千年来的封建主义婚姻制度，有力地推动了妇女解放和社会解放事业的发展，调动了广大妇女参加革命和建设的积极性，也为调整和确定新型婚姻家庭关系提供了法律依据和保障。

第四章

发展国民经济

VR融媒党史云课堂
党史学习就在我身边

1. 没收官僚资本

所谓官僚资本，是指在半殖民地半封建国家，依靠帝国主义和国家政权力量建立和发展起来的一种资本主义经济形态。在旧中国，特别是国民党政府统治期间，通过发行公债、征收苛捐杂税、专卖垄断、商业投机、通货膨胀，形成了以蒋介石、宋子文、孔祥熙、陈果夫和陈立夫四大家族为代表的官僚资本集团。

到 1949 年中华人民共和国成立前夕，官僚资本拥有全国工矿和交通运输业固定资产的 80%，垄断着大部分钢材、电力、煤炭、有色金属和石油等产业，还控制了

事实真相

四大家族　"四大家族"一说最早由中国共产党早期领导人瞿秋白在 20 世纪 20 年代提出，时人也有"蒋家的天下陈家的党，宋家的姐妹孔家的财"之说。蒋宋孔陈之中，蒋介石控制政治，陈氏兄弟掌管党务，宋孔两家先后担任财政部长，加之蒋、宋、孔三家又是姻亲，他们彼此关系极为密切，实为掌控当时中国政治与经济命脉的利益集团。抗战打响之前，四大家族在国外银行中的存款已高达数千万美元。之后，他们又借抗战为名，通过垄断资源、控制银行、发行公债、增加捐税、滥发钞票、外汇管制、专买专卖等一系列手段，大发国难财，牟取暴利。四大家族掠夺的对象不仅限于广大农民和工人，也包括资产阶级和中小地主。他们巧取豪夺，掠夺财富的同时，为自己的反动事业不断输血，直至败走台湾。

全国的金融机构和铁路、公路、邮电、航空运输、对外贸易，以及文化事业，成为国民党反动统治的经济基础。国民党政府以巧取豪夺的手段，积累了大量财富，长期垄断着中国经济命脉。随着国民党腐朽统治不断加深，社会经济迅速走向衰败。

　　根据记载，当时流通的 100 元法币，1937 年可以买 2 头牛，到了 1946 年只能买 1 个鸡蛋，1947 年就只能买

上海女工协助人民政府清点资产

1/3 盒火柴。百姓提着一麻袋钱只能买到一点点生活日用品。那时市场混乱，物价飞涨，严重威胁了人民生活。

为巩固新生的人民政权，把国民党政府掌控的经济大权交还到人民手中，中共中央于 1949 年上半年先后发出了《关于接收官僚资本企业的指示》《关于接收江南城市给华东局的指示》《关于接收平津企业经验介绍》等文件。在解放战争中，人民解放军所到之处，中央人民政府立即将官僚资本收归人民所有。

至 1949 年年底，新生的人民政府没收了大量官僚垄断企业，拥有职工 129 万人，其中包括控制全国资源和重工业生产的"国民政府资源委员会"、垄断全国纺织业的"中国纺织建设公司"、控制国民党政府经济核心的"四行二局一库"（中央银行、中国银行、交通银行、中国农民银行、中央信托局、邮政汇业局、合作金库）、国民党统治区的省市地方银行系统 2 400 多家，同时还接收了国民党政府交通部、招商局所属全部运输企业。

此外，人民政府还没收了复兴、富华、中国茶叶、中国石油、中国盐业、中国植物油、孚中、中国进出口、金山贸易、利泰、扬子建业、长江中美实业等 10 多家垄断性的贸易公司。

为保证对官僚资本的顺利接收，避免可能发生的破坏，人民政府在认真总结经验的基础上，制定了一系列有关方针和政策并严格执行。由于没收官僚资本是在解放战争没有完全结束的情况下进行的，不仅需要恢复生产，而且要严防敌人破坏。因此，人民政府发动广大工人开展了护厂、护矿、护路、护航的斗争，反对国民党溃败时拆迁、疏散、破坏工厂，使设备、技术资料基本上完整地回到了人民手中。

同时，政府采取"原封不动"的接管方式，暂时不打破企业原来的结构，不破坏生产秩序，由军事管制委员会统一领导，依靠广大人民群众，有计划、有步骤地使接收工作顺利进行。

从 1949 年上半年至 1950 年年初，人民政府共接收了官僚资本和工矿企业 2 800 多家、金融企业 2 400 多家，迅速建立起社会主义性质的国营经济，切实掌握了国家的经济命脉。

2. 七届三中全会

中华人民共和国成立后，国家一穷二白，百废待兴。中国共产党领导全国人民经过几个月的紧张战斗和艰苦努力，在政治、经济、军事等各条战线上都取得了很大成就，到 1950 年上半年，面临的困难局面得到初步改观。但是，前进路上的障碍远远没有清除，在恢复和发展生产方面，还有许多紧迫工作。严峻的现实，迫切要求党和政府认真分析形势，总结经验，澄清思想，统一认识，以便领导全国人民实施伟大的建国纲领。为此，党中央决定召开一次会议，解决当时面临的问题。

1950 年 6 月 6 日至 9 日，中共中央在北京召开了中国共产党第七届中央委员会第三次全体会议，简称"七届三中全会"。出席会议的有中央委员 35 人，候补中央委员 27 人，各省市党委书记、中央各部委负责同志 34 人列席了会议。

会上，毛泽东做了《为争取国家财政经济状况的基

参加中共七届三中全会的同志合影，前排左起依次为周恩来、任弼时、董必武、林伯渠、徐特立、刘少奇、毛泽东、朱德、吴玉章、张云逸、王维舟、古大存

本好转而斗争》的书面报告，向全党和全国人民提出了当前阶段的中心任务。会议指出，现在，我国在经济战线上取得了一些胜利，财政经济状况开始好转，但这还不是根本的好转。要获得财政经济状况的根本好转，要用3年左右的时间，创造3个条件，即土地改革的完成、现有工商业的合理调整、国家机构所需经费的大量节减。为了获得这3项条件，全党和全国人民必须团结一致，做好土地改革、稳定物价、调整工商业、改革旧有文化

教育事业、救济失业人员、肃清反革命、开好各界人民代表会议、整党等 8 项工作。

当时，由于历史的原因，再加上革命胜利引起的社会经济改组，失业的工人、手工业者和知识分子暂时增多，农民负担还很重，工商资产阶级也有相当一部分人惶惶不可终日。投机资本的破坏活动和打击投机资本的辉煌胜利，又使得党内一部分同志误以为当时斗争的对象主要是资产阶级。

为此，毛泽东在会上做了题为《不要四面出击》的讲话，指出：要完成土地改革，同帝国主义、封建主义、国民党反动派残余做斗争，我们面临的敌人是够大够多的。我们必须处理好国内各阶级、政党、民族等各个方面的关系，以便孤立和打击当前的主要敌人，而不应该四面出击，树敌太多，造成全国紧张的不利局面；必须在一个方面有所让步，有所缓和，使工人、农民、小手工业者都拥护我们，使民族资产阶级和知识分子中的绝大多数人不反对我们。

这是党在建国后的新形势下，对国内和统一战线内

历史掌故

统一全国币制

　　1948年12月1日，中国人民银行在河北省石家庄市成立，同日开始发行第一套人民币。1949年1月，北平解放，中国人民银行总行迁到北京。自1949年8月至1953年12月，第一套人民币共发行12种面额、62种版本，画面整体反映出共和国人民当家作主的精神风貌。第一套人民币发行后，逐步扩大流通领域，原各解放区的地方货币则陆续停止发行和流通，并按规定比价逐步收回。至1951年年底，人民币成为新中国唯一合法货币。统一的币制对新中国成立初期稳定社会秩序、恢复生产、促进城乡物资交流发挥了重要作用。

部的阶级关系进行新的分析基础上提出的，它不仅体现了党历来"打击主要敌人，争取最大多数同盟者"的策略，更反映了党在执政之初的一个重要战略思想：党和人民政府的任何重要举措，都不可步伐过快，进行太猛，宁可慎重缓进，以便稳步地达到既定目的。

　　这次全会是建国初期党中央召开的第一次重要会议，其目的是彻底完成民主革命遗留的任务，迅速战胜财政经济困难，全面恢复和发展国民经济。

3. "三反""五反"运动

中国共产党执政初期，曾经开展过一系列的反腐败斗争。

关于干部腐败问题，建国后总的来说人民政府是随时发现，随时处理。1951 年 11 月，东北局在给中共中央的报告中揭露了一些干部严重贪污、浪费的事实，引起中央高度重视。党中央随即做出《关于实行精兵简政、增产节约、反对贪污、反对浪费和反对官僚主义的决定》。11 月 20 日，毛泽东首次提出反贪污、反浪费、反官僚主义的斗争，斗争采取群众运动的方式，大张旗鼓，雷厉风行，形成有利的社会舆论和群众威力。斗争中党中央抓住典型重大案件，加以处理，引起全党的警惕和全社会的重视。如天津地委前任书记刘青山，时任书记张子善，他们都是老党员，在民主革命斗争中扛过枪，打过仗，有过功劳。但中华人民共和国成立后，在资产阶级思想腐蚀下，他们利用职权，贪污、盗窃国家财产，剥削民工血汗，克扣干部家属救济粮、民工供应粮等，躺在功劳簿上安逸享受，腐化堕落为大贪污犯。中国共产党对此绝不姑息，经过法院审理，最终判处二人死刑，执行枪决，使全党震动，全国人民振奋。

历时半年多的"三反"运动，是反腐败这一长期斗争的胜利初战。这次运动教育了大多数干部，挽救了一些犯错误的同志，清除了党的队伍和国家干部队伍中的腐化分子，有力地抵制了旧社会恶习和资产阶级的腐蚀，对于形成健康的社会风气起到了很大作用。

在"三反"运动中，相关人员发现，许多贪污分子的违法行为和社会上不法资本家的违法活动有着密切的关系。一些不法资本家通过行贿、偷税漏税、盗窃国家财产、偷工减料和盗窃国家经济情报等活动，向党和工人阶级猖狂进攻。少数资本家违法情节严重，罪行惊人，甚至发生有人用废旧破烂的棉花制造急救包卖给志愿军，使受伤战士致残致死这样激发全民公愤的事件。

1952年1月26日，中共中央发出《关于在城市中限期展开大规模的坚决彻底的"五反"斗争的指示》，要求在全国一切城市，首先是大中城市，依靠工人阶级、团结守法的资产阶级及其他市民，向违法的资产阶级开展一个大规模的"五反"斗争。"打退资产阶级的猖狂进攻"，成为全国上下当时强烈的呼声。运动进入高潮后，党中央及时指示各大城市注意维持生活的正常进行，生产、运输、金融、贸易等均不能停顿，并对"五反"定案、补交漏税和退回违法所得等问题做出了一系列合理

公审刘青山、张子善大会会场

的从宽政策。这些决策使党和政府掌握了主动，使经济迅速得到恢复和发展，使资本家重新回归人民队伍，恢复了经营积极性，也使工人不致失业。

"五反"运动大体经历了两个阶段，即揭发检举和坦白交代阶段、定案处理阶段。1952年10月，"五反"运动胜利结束。"五反"运动打击了极少数不法资本家，巩固了工人阶级和国营经济在国民经济中的领导地位，在私营工商业中建立了工人店员对企业的监督管理制度，使资本主义工商业继续有所发展，为资本主义工商业的社会主义改造创造了有利条件。

4. 恢复生产，重建家园

1950年6月，党的七届三中全会召开后，中国共产党立即领导全国人民展开了全面恢复生产、重建家园的新任务。

古语说，民以食为天。中华人民共和国成立伊始，人民政府就把恢复和发展农业生产当成了经济工作的重

在党和政府领导下，人民生产自救，战胜灾荒

点。为尽快恢复和发展农业生产，1949年12月，农业部即召开全国农业生产会议，确定农业生产方针是以恢复生产为主，农业生产的中心是以增产粮食和棉花为主。会议决定，除了要抓紧在新解放区进行土地改革外，还要在老解放区组织劳动互助，动员妇女参加农业生产，鼓励繁殖耕畜、家畜，加强病虫害防治，推广优良品种，修补农具，扩大耕地面积等。为了增强农业生产抵御自然灾害的能力，人民政府还进行了史无前例的大规模农田水利建设。

1952年成渝铁路通车典礼

　　中华人民共和国成立仅仅1个月，即1949年11月，水利部就召开了各解放区水利联席会议，确立了水利建设的基本方针是防止水患、兴修水利，以达到发展生产的目的。从1949年到1952年，国家在财政经济十分困难的情况下，拿出近10亿元资金从事农田水利建设，对全国 4.2 万余里的江河堤防进行了维修和加固，对水灾比较严重的江河进行了全流域的治理，其中最大的水利工程是治理淮河、荆江分洪和官厅水库工程。

交通运输是国民经济的大动脉，直接关系到工农业生产和人民生活。在铁路建设方面，建国后，除修复尚未修复的路段外，人民政府还对原有线路进行了加固改善，包括整治路基、加固桥梁、整修轨道、增添设备、修缮车辆等。1950 年下半年，人民政府开始大量投资修建新的线路。其中成渝（成都到重庆）铁路、天兰（天水到兰州）铁路和来睦（来宾到睦南关）铁路，是新修建的对恢复国民经济影响最大的铁路线路。

在修建成渝铁路的同时，人民政府还新建公路 3 846 千米，其中连接西藏和内地交通的康藏公路和新藏公路，沟通新疆和内地的新兰公路，以及昆洛公路、沈丹公路等，都是对地区经济影响较大、较深远的大工程。

在水运方面，3 年中，人民政府整治和疏浚了长江、珠江、松花江、南北大运河、湘江、赣江、嘉陵江等航道，修缮了港口，开通了 36 条沿海航线。其中天津塘沽新港建设是海运港口建设的大工程。

工业建设方面，除了恢复和振兴原有工业，还根据经济建设和人民生活的需要，进行了新的工业建设，其中比较重要的有阜新海州露天煤矿、抚顺发电厂、鞍山钢铁公司的无缝钢管厂、武汉国棉一厂、山西重型机械厂、郑州纺织厂等。这些新建企业，规模大，设备先进，

历史掌故

成渝铁路建成通车

四川省自古有"天府之国"的美称，其境内资源丰富，但周边多崇山峻岭，坡陡谷深，除长江水运外，陆上通道几乎都在悬崖峭壁上穿行，人员、物资交流十分困难。1952年7月1日，成（成都）渝（重庆）铁路建成通车，毛泽东亲笔题词："庆贺成渝铁路通车，继续努力修筑天成路。"该铁路西起成都，东至重庆，途经8个县、50多个镇，全长505千米。成渝铁路的修建是在极其困难的条件下进行的，1950年6月16日动工之时，大西南解放还不满半年，全国财政经济还很困难。人民政府和15万筑路大军克服重重困难，仅仅用灯笼火把照明，钢钎、大锤、十字镐开凿，提前3个月完成了这一中国铁路史上修建最快、工程最好、用费最少的铁路。

1952 年国庆节，首都人民举行游行，庆祝国民经济恢复任务胜利完成

在国民经济中具有重要作用。

　　在党和政府的正确领导下，中国人民经过 3 年艰苦努力，工农业生产得以恢复和发展，国家财政收支平衡，金融物价稳定，财政经济状况得到根本扭转，文化、教育、卫生事业也得到相应的发展。政府先后在国营厂矿企业中实行劳动保险，在国家工作人员中实行公费医疗制度。就业人数逐年增加，人民生活得到显著提高。这些成就表明，国民经济恢复任务已经完成，为国家即将开展大规模的、有计划的经济建设打下了良好基础。

第五章

确立基本制度

VR融媒党史云课堂
党史学习就在我身边

1. 第一次全国普选

中国人民经过 3 年的艰苦奋斗，国民经济得以全面恢复和发展。到 1952 年秋，中国人民政治协商会议第一届全体会议任期届满，召开全国人民代表大会，正式施行人民代表大会制度的时机已经成熟了。

可是要召开全国人民代表大会，参加会议的代表怎样产生呢？

1953 年 1 月 13 日，中央人民政府委员会举行了第二十次会议，通过了《关于召开全国人民代表大会及地方各级人民代表大会的决议》，决定在 1953 年召开由普

北京市人口调查选民登记站进行调查登记工作

选方式产生的乡、县、市、省各级人民代表大会的基础上，召开全国人民代表大会。2 月 11 日，中央人民政府委员会第二十二次会议通过了《中华人民共和国全国人民代表大会及地方各级人民代表大会选举法》草案。

3月1日，毛泽东签署中央人民政府命令，公布实行该法。这是新中国的第一部选举法。之后，全国迅速开展起普选各级人民代表的工作。

为保证选举顺利进行，中央人民政府首先进行了全国性的人口普查。为此，中央成立了中央人口调查登记办公室，各省市成立了相应的人口调查机构。经过普查，全国人口总数得到核实，同时，各地进行了选民登记工作。

按照《选举法》，凡年满18周岁的中华人民共和国公民，不分民族和种族、性别、职业、社会出身、宗教信仰、教育程度、财产情况和居住期限，均有选举权和被选举权。农村地主、依法被剥夺政治权利的反革命分子、其他依法被剥夺政治权利的和精神病患者，则没有选举权和被选举权。

从1953年下半年开始，全国各个地区的民主选举逐步展开。《中华人民共和国选举法》的颁布和实施，极大地焕发了中国人民当家作主的热情，增强了广大人民群众的民主意识，把中国的民主政治生活向前推进了一大步。

1953 年 12 月 8 日 20 时 30 分，毛泽东、刘少奇、周恩来、朱德、陈云等党和国家领导人，前往中共中央

历史掌故

民主普选

《选举法》施行后，全中国首次进行了民主普选。1953 年夏，在城市和乡村，相关新名词让许多群众一头雾水。"啥叫普选？""啥叫选民资格？""人民代表大会是干什么的？"为动员群众，各地组成了宣传队，挨家挨户地讲："从现在开始，我们要选举出自己的代表来管理国家，这是人民当家作主的权利，是神圣的权利。"很快，宣传见了成效。特别是在乡村，选民登记当天，城镇、乡村每个登记点一大早就排起了长队，连大半辈子没出过几趟远门的农村老大娘，也穿上最漂亮的衣服赶来了。由于旧社会很多农村妇女都没有名字，只有"王家大妹""李家大嫂"这样的称呼，所以在登记选民时，组织选民的工作人员便现场给她们起开了名字——"你叫王亚美，你叫李素珍……"开选民大会当天，大会主持人念出候选人的名字，乡亲们同意的举手，不同意的不举手，乡人大代表随之诞生。被选上的村民乐得合不拢嘴。这次选举是中国历史上首次全国普选，大大推动了人民民主制度的发展，具有非同寻常的意义。

和中央人民政府所在地北京市西单区中南海投票站，投票选举参加西单区人民代表大会的代表。投票站设在中南海勤政殿，他们在验证发票处交验了选民证，领取和填写了选票。20时40分，毛泽东和其他领导人相继把自己的选票投进了票箱。

1954年6月至7月间，全国省辖市、县、自治区及县一级的单位和中央直辖市的区，全部召开了人民代表大会。广大人民群众当家作主，喜气洋洋，穿上节日的盛装出席大会，行使自己的民主权利。他们以无记名投票的办法，选举产生了省、直辖市和自治区的人民代表大会代表。

7月底到8月中旬，各省、直辖市和内蒙古自治区先后召开了人民代表大会，选出了全国人民代表大会代表。党和国家领导人毛泽东、周恩来、刘少奇、朱德等，均由所在的北京市选举为全国人大代表。如此庞大的选举活动，在中国历史上还是首次。

鉴于全国人大代表已经产生，1954年8月11日，中央人民政府委员会第三十三次会议决定：中华人民共

和国第一届全国人民代表大会第一次会议，定于 1954 年
9 月 15 日在北京召开。

2. 新中国第一部宪法

宪法是一个国家的根本大法，是现代国家的立国之
本，是民主政治的重要特征。

1949 年中国人民政治协商会议通过的《中国人民政
治协商会议共同纲领》，是中华人民共和国人民政府的施
政方针，在中华人民共和国成立之初，起着临时宪法的
作用。在《共同纲领》的基础上，到 1953 年，根据国家
新形势和社会发展的客观要求，制定《中华人民共和国
宪法》的时机已经成熟。

第一部宪法是在毛泽东等国家领导人的主持下制定
的。1953 年 12 月 27 日，毛泽东带领宪法起草小组的
几个成员抵达杭州，着手宪法起草工作。1954 年 1 月 9
日，宪法起草工作正式开始。3 月初，在宪法起草委员
会第一次会议上，毛泽东代表中国共产党提出了宪法草

案初稿。从 3 月到 6 月，宪法起草委员会先后召开了 7 次正式会议，对宪法草案进行详细的讨论研究。同时，在北京和全国各大城市各领域的代表人物 8 000 多人，用 2 个月的时间，对宪法草案初稿进行了研究讨论，提出了 5 900 多条修改意见，给予起草工作重大帮助。刘少奇曾说："应当说，这 8 000 多人都是宪法起草工作的参加者。"宪法起草委员会认真倾听并吸取了这些修改意见，毛泽东经常亲自执笔修改宪法草案。

6 月 14 日，中央人民政府委员会召开第三十次会议，讨论通过了《中华人民共和国宪法草案》，并通过决议交付全国人民讨论。在将近 3 个月的时间里，全国共有 1.5 亿多人热烈地参加了讨论。师生在学校，军人在军营，农民在田间地头，工人在车间工地，到处都有兴高采烈热情讨论宪法的场景。

经过讨论，共提出 118 万多条修改、补充意见和问题，几乎涉及宪法草案每一条款。正如毛泽东所说：中华人民共和国宪法草案的起草，"采取了领导机关的意见和广大群众的意见相结合的方法"，使中央的意见和全国

中央人民政府委员会一致通过《中华人民共和国宪法（草案）》。会议要求各级地方政府在人民群众中普遍地组织对《宪法（草案）》的讨论

人民的意见相结合，不仅使宪法的内容臻于完善，而且使宪法深入人心，获得了最广泛的群众基础。

根据各方面意见，宪法起草委员会对《宪法草案》进行了2次修改。9月9日，中央人民政府委员会第三十四次会议对《宪法草案》又进行了讨论修正，决议提请全国人民代表大会审议通过。

这部新中国历史上第一部宪法，包括序言，总纲，国家机构，公民的基本权利和义务，国旗、国徽、首都

修建汉水铁路桥的工人正在听读报员读《中华人民共和国宪法草案》

共5部分，总计4章106条。

《宪法》第一章第一条规定："中华人民共和国是工人阶级领导的、以工农联盟为基础的人民民主国家。"

《宪法》第一章第二条规定，"中华人民共和国的一切权力属于人民。人民行使权力的机关是全国人民代表大会和地方各级人民代表大会"，"全国人民代表大会、地方各级人民代表大会和其他国家机关，一律实行民主集中制"，从而确立了我国的根本政治制度。

《宪法》第一章第四条规定，"中华人民共和国依靠国家机关和社会力量，通过社会主义工业化和社会主义改造，保证逐步消灭剥削制度，建立社会主义社会"，从而确立了我国向社会主义过渡的方向和途径。

《宪法》还明确规定了公民的基本权利和义务。

《宪法》规定，全国人民代表大会是最高国家权力机关和唯一国家立法机关，常务委员会为其常设机关。常务委员会和国家主席结合行使国家元首职权。国家主席统率全国武装力量。最高国务会议为议事机构，由国家主席召集，所议事项，由主席提交全国人大、人大常委会、国务院或其他有关部门讨论并做出决定。国务院是最高国家权力的执行机关，为最高国家行政机关，对全国人大及其常委会负责并报告工作。最高人民法院是最高审判机关，对全国人大及其常委会负责并报告工作。人民法院独立进行审判，只服从法律。最高人民检察院对国务院所属各部门、地方各级国家机关、国家机关工作人员和公民是否遵守法律，行使检察权，对全国人大

历史掌故

《中华人民共和国宪法》的诞生

在 1954 年 9 月 20 日举行的中华人民共和国第一届全国人民代表大会第一次会议上，中国第一部社会主义类型的宪法——《中华人民共和国宪法》以无记名投票的方式获得通过。投票前，大会执行主席周恩来首先宣布："今天 1 197 名代表出席了大会，符合法定人数。"随后，大会秘书处的同志朗读了《宪法草案》全文。宣读完毕，工作人员问："大家还有没有最后的修改意见？"全体代表以热烈的掌声回应：没有。随后，工作人员开始分发表决票。代表们画完票后，依次走到特设的红色木制投票箱前投下了庄严一票。下午 5 时 55 分，计票工作结束，周恩来宣布表决结果："投票数 1 197 张，同意票 1 197 张。"《中华人民共和国宪法》以全票通过。当时，很多代表都流下了激动的泪水。随后，北京的大街小巷到处燃放起鞭炮。当年，甚至有许多父母还给自己的新生儿起名叫"宪法"。

及其常委会负责并报告工作。

综上，《宪法》为全国人民指明了一条清晰、明确的通往社会主义的道路，调动了广大人民群众建设社会主义的积极性，有力地保障并推动了社会主义各项事业的蓬勃发展。

3. 第一次全国人民代表大会

1954 年 9 月 15 日，第一届全国人民代表大会第一次会议在北京隆重开幕。这次会议的主要任务是：

（一）制定作为国家根本大法的第一部中华人民共和国宪法；（二）制定几个重要的法律；（三）听取和审议政府工作报告；（四）选举新的国家领导工作人员。

参加会议的有各民主阶级、各民主党派的代表，有劳动模范、战斗英雄，有著名的文学、艺术、科学、教育工作者，有工商界、宗教界人士，还有少数民族、海外华侨代表。这样的代表阵容，充分体现了全国各民族、各民主阶级、各民主党派和一切爱国力量在中国共产党领导下的大团结。

毛泽东主持了开幕式，并致开幕词。他在题为《为建设一个伟大的社会主义国家而奋斗》的开幕词中说："我们这次会议具有伟大的历史意义。这次会议是标志着我国人民从一九四九年建国以来的新胜利和新发展的里程碑，这次会议所制定的宪法将大大地促进我国的社会主义事业。"毛泽东指出："我们的总任务是：团结全国人民，争取一切国际朋友的支援，为了建设一个伟大的社会主义国家而奋斗，为了保卫国际和平和发展人类进步事业而奋斗。"毛泽东还明确指出："领导我们事业的核心力量是中国共产党。指导我们思想的理论基础是马克思列宁主义。"最后，毛泽东满怀信心地向全国人民宣布："我们正在做我们的前人从来没有做过的极其光荣伟大的事业。我们的目的一定要达到。我们的目的一定能够达到。"

刘少奇代表宪法起草委员会，做了《关于中华人民共和国宪法草案的报告》。经过认真讨论，9月20日，大会一致通过了《中华人民共和国宪法》，并于当日颁布。消息传来，中华大地各族人民欢呼雀跃，欢庆《宪法》颁布。

9月23日，周恩来代表中央人民政府做了《政府工作报告》。报告总结了中华人民共和国成立以来在政治、

全国人大一届一次会议大会主席台，左起董必武、周恩来、李济深、刘少奇、毛泽东、朱德、宋庆龄、张澜、林伯渠

经济、文化、外交等方面取得的成就，指出了各项工作的缺点，并根据党在过渡时期总路线的精神，提出了今后工作的方针、任务。与会代表对报告进行了热烈讨论，75 人做了大会发言，高度评价了中华人民共和国成立以来所取得的各项成就，指出了工作中的不足，提出了诚挚的希望。26 日，会议一致通过了《关于政府工作报告的决议》。

大会还通过了《中华人民共和国全国人民代表大会组织法》《中华人民共和国国务院组织法》《中华人民共和国人民法院组织法》《中华人民共和国人民检察院组织

法》《中华人民共和国地方各级人民代表大会和地方各级
人民委员会组织法》等重要法律。27 日，大会根据《宪
法》规定，通过无记名投票，选举和产生了国家领导工
作人员：

中华人民共和国主席毛泽东，副主席朱德。

大会根据毛泽东的提名，任命周恩来为中华人民共
和国国务院总理。

刘少奇当选全国人民代表大会常务委员会委员长，
宋庆龄等 13 人为副委员长，董必武为最高人民法院院
长，张鼎丞为最高人民检察院检察长。9 月 28 日，大会
圆满结束，胜利闭幕。

4. 过渡时期总路线

过渡时期总路线是 1953 年中共中央制定的指导全国
人民全面开始从新民主主义向社会主义过渡的基本纲领
和路线。

1952 年年底到 1953 年年初，新中国的发展面临着

新的形势和新的问题。抗美援朝可望结束，土地革命的
任务在全国范围内基本完成，国民经济恢复工作提前实
现预定目标，第一个五年计划即将开始。面对新的形势
新的问题，需要提出新的任务和目标。

1952 年，毛泽东、周恩来、刘少奇多次提到过渡时
期总路线问题。1953 年 6 月 15 日，毛泽东主持召开中
央政治局会议，正式提出要在 10 年到 15 年或者更长一
段时间内，基本上完成国家工业化和对农业、手工业、
资本主义工商业的社会主义改造。9 月 8 日，周恩来在

历史掌故

五年计划

1928 年至 1932 年，苏联政府为摆脱落后的农业国面
貌，制订、实施并提前完成了人类历史上第一个五年计
划，它使苏联由农业国一举变为工业国，使国家初步建立
起独立的、比较完整的国民经济体系，为实现社会主义工
业化奠定了物质基础。中国第一个五年计划始于 1953 年，
1957 年提前完成。从"十一五"起，国家将"五年计划"
改为"五年规划"。迄今中国已编制了 10 个"五年计划"
和 2 个"五年规划"，"十三五"规划目前正在实施进行。

1954年"五一"劳动节，北京市民高举"为实现国家在过渡时期总任务而奋斗"的标语牌通过天安门

政协常委扩大会议上做了题为《过渡时期的总路线》的报告。9月24日，中央向全党和全国人民正式宣布了这条总路线。

1953年12月，中共中央批准发布了中央宣传部拟定的《为动员一切力量把我国建设成为一个伟大的社会主义国家而斗争——关于党在过渡时期总路线的学习和宣传提纲》。毛泽东在审订和修改该提纲时，把过渡时期总路线的完整表述确定为："从中华人民共和国成立，到社会主义改造基本完成，这是一个过渡时期。党在这个过渡时期的总路线和总任务，是要在一个相当长的时期内，逐步实现国家的社会主义工业化，并逐步实现国家对农业、对手工业和对资本主义工商业的社会主义改造。这条总路线是照耀我们各项工作的灯塔，各项工作离开它，就要犯右倾或'左'倾的错误。"

过渡时期总路线提出以后，从 1953 年冬到 1954 年春，在全国范围内进行了大张旗鼓的宣传教育和深入贯彻落实工作。各地普遍运用报纸、电台和其他宣传工具，宣传过渡时期总路线的基本内容，宣传国家"逐步实现国家的社会主义工业化，并逐步实现国家对农业、对手工业和对资本主义工商业的社会主义改造"的方针政策、基本要求及其伟大意义。通过宣传，过渡时期总路线统一了全党的认识，也得到全国人民的热烈拥护，并成为新的行动纲领。

5. 农业社会主义改造

土地改革以后，农民分到了土地，农业生产得以恢复和发展。然而，我国的农业仍然是一家一户式的分散经营模式。当时，贫苦农民缺乏生产工具、资金，一家一户难以解决水利问题，难以抵御自然灾害，不能合理地使用耕地，也不能使用先进的机械化农具。这就限制了农业的发展，农产品满足不了国家工业化建设的需要。因此，国家开始着手对农业进行社会主义改造。

1951 年 9 月，中共中央召开了第一次农业互助合作会议，总结了历史上开展互助合作的经验，制定了《关于农业生产互助合作的决议（草案）》。12 月，文件下发试行。决议指出：各级领导要按照积极引导、稳步前进的方针和自愿互利的原则，发挥农民互助合作的积极性，提倡"组织起来"，逐步引导农民走集体化的道路。

当时，为了使农民接受走集体化这条道路，国家组织了由农业劳动模范为主的中国农业代表团，于 1951 年 4 月底到 8 月中旬赴苏联参观、学习。代表团成员所到之处，亲眼看到两国农村之间差距很大，感慨万千。回国后，他们都对苏联集体化农庄做了广泛的宣传。

全面丰产模范耿长锁说："苏联集体化农业的好处说

不完。我们那里常受旱涝的威胁，但在苏联，坡地不旱，洼地不涝，都长得好庄稼。因为苏联不靠天吃饭。""我们到过的乌克兰，那里集体农场有土地一两万亩的算是小的，有一二十万亩的很平常。我们看到了拖拉机和联合收割机做着比人工效率高得不可比拟的工作。集体化和机械化之后，劳动效率何止提高 10 倍？""集体农民的生活真是令人羡慕。他们吃的是面包、肉、牛奶，星期天穿的不是哔叽就是绸子，睡的是钢丝床，房子里有自来水、电灯、收音机，柜橱桌椅齐备。每个集体农庄都有俱乐部、图书馆、无线电转播站、电影场。集体农民一面工作一面唱歌。这种生活只有集体化才能得来。我们一定要努力争取这种生活。"

农民代表参观团团长张林池说："在参观学习中，我们深深体会到了：农业必须走集体化道路。只有集体化才能不走痛苦的资本主义道路，而走幸福的社会主义道路。"

农业的社会主义改造大体上可分为三个阶段。第一阶段，从中华人民共和国成立到 1953 年年底主要是组织

1955 年年初，中共中央采取了一系列措施，对农业生产
合作社进行整顿，缓和了一度紧张的农村形势，图为对社
员入社的牲畜进行合理议价

互助组，同时也试办初级社。第二阶段，1954 年到 1955
年上半年在全国普遍建立初级社。第三阶段，1955 年下
半年到 1956 年进入大办高级社阶段。在农业合作化运动
中，党和政府遵循的原则是：自愿互利、典型示范和国
家帮助。创造了从具有社会主义萌芽的临时互助组和
常年互助组，发展到以土地入股、统一经营为特点的
半社会主义性质的初级农业生产合作社，再发展到土

地和主要生产资料归集体所有的完全社会主义高级农业生产合作社的过渡形式。

在农业合作化运动中，河北省遵化县第十区西四十里铺农业生产合作社是闻名全国的"穷棒子社"。

1952 年秋天，西四十里铺村 23 户穷汉子办起了农业生产合作社。该社成立时，有 230 亩贫瘠的土地，极少的生产工具。"穷棒子"们没有被困难吓倒，他们发扬艰苦创业精神，上山砍柴换取农具等生产资料，依靠团结、组织起来的力量，到第二年就发展到 83 户，粮食每亩产量也从 120 多斤增长到 300 多斤。至 1954 年，发展到每户有上千斤余粮的有 148 户，并于 1958 年 9 月发展为建明农林牧生产合作社（高级社）。

在"穷棒子社"的带动下，西四十里铺村由 1952 年前的每年由国家发放 5 万斤以上的救济粮，3 年后发展为每户有上千斤余粮，成为全国农业合作化的典范。

1955 年 7 月 31 日，中共中央召开了省、市、自治区党委书记会议，毛泽东在会议上做了《关于农业合作化问题》的报告，对党的农业合作化的理论和政策做了系统阐述，并对合作化的速度提出新的要求。

10月4日至11日，中共中央在北京召开扩大的中共七届六中全会，通过了《关于农业合作化问题的决议》，要求到1958年春在全国大多数地方基本上普及初级农业生产合作，实现半社会主义合作化。会后，农业合作化运动急速发展，仅3个月左右的时间就在全国基本实现了农业合作化。

到1956年年底，加入合作社的农户占总农户的96.3%，加入高级社的农户占总农户的87.8%。中国的农业社会主义改造，至此完成。

6. 手工业社会主义改造

个体手工业是小商品经济，一家一户为一个经营单位，工具简陋，生产规模狭小，技术落后，劳动生产率低，具有盲目性，极大限制了生产力的发展。如果任其自发发展，就会走向两极分化，导致大多数手工业者始终难以摆脱贫困的处境。为解放生产力，克服个体生产的自发性和落后状态，对手工业进行社会主义改造显得非常必要。

党和政府对手工业的社会主义改造采取的方针是：积极领导，稳步前进。组织形式为从手工业生产小组、手工业供销合作社发展到手工业生产合作社。方法是从供销入手，由小到大、由低入高，把分散、落后的手工业者个体私有制逐步改造为社会主义集体所有制。

手工业合作化运动的发展大致经历了典型试办、普遍发展和合作化高潮三个阶段：1949 年到 1952 年的恢复时期为典型试办、摸索前进阶段，对有代表性的手工业劳动者试办合作社，对一般个体手工业者则从供销环节入手组织加工订货；1953 年春到 1955 年冬，为普遍发展、稳步前进阶段；1955 年冬到 1956 年，为高潮形成、手工业合作化提前完成阶段。

在试办手工业合作社时期，出现了一批名社，如 3 把锄头"起家"的上海市铁床生产合作社。1950 年，36 名失业工人组成了合作社，他们一无资金，二无厂房设备，只有 3 把锄头和少量工具，租了一间旧房子当厂

1956年年初，在农业合作化高潮的推动下，手工业社会主义改造也进入了高潮。到1956年年底，国家基本上完成了对手工业的社会主义改造。图为手工业者踊跃报名入社

房。但他们发扬白手起家、自力更生的精神，使合作社不断发展壮大，到1953年已经有社员206人，厂房130间，还安装了一批机床，开始了轰轰烈烈的生产奋斗。

1956年3月4日，毛泽东在听取国务院有关部门汇报手工业改造情况时说："个体手工业社会主义改造的速度，我觉得慢了一点。今年1月省市委书记会议的时候，我就说过有点儿慢。1955年年底以前只组织了200万人。今年头两个月就发展了300万人，今年基本上可以

搞完，这很好。"随后，全社会出现了和农业一样的全国范围的手工业合作化高潮，手工业者整个行业、整个地区都组织起来，成千上万的手工业劳动者、小商小贩纷纷递交申请书，要求入社。同时，手工业的发展也得到了保护，优秀的、有特色的手工业继续发扬光大。

1956 年，毛泽东在《加快手工业的社会主义改造》一文中特别指出："提醒你们，手工业中许多好东西，不要搞掉了。王麻子、张小泉的刀剪一万年也不要搞掉。我们民族好的东西搞掉了的，一定都要来一个恢复，而且要搞得更好一些。"这些指示对手工业改造有着里程碑式的意义，许多传统手工业在政府的呵护下得以发展壮大。

到 1956 年年底，参加合作社的手工业者达到 600 多万人，占全部手工业者的 91.7%。与此同时，渔业、盐业、民间运输业、小商小贩等个体劳动者也基本实现了合作化。

至此，中国已基本完成全国范围内的手工业社会主义改造。

7. 资本主义工商业社会主义改造

中国共产党在对农业、手工业进行社会主义改造的同时，也对资本主义工商业进行了社会主义改造。

在中华人民共和国成立初期，我国拥有从业人口380万人左右的私营工商业，这是国家和人民的巨大财富，对国计民生具有很大作用。当时，私营经济性质还没有改变，要真正实现人民当家作主，国家富强，把生产资料私有制转变为社会主义公有制，就必须进行资本主义工商业的社会主义改造。

资本主义工商业社会主义改造经历了三个阶段：1953年年底前主要是国家资本主义的初级形式阶段，1954年到1955年夏主要是单个企业公司合营阶段，1955年秋到1956年是全行业公私合营阶段。

在农业和手工业社会主义改造轰轰烈烈进行，工商业改造也汹涌开展的情况下，工商业者普遍受到震动。其中大多数人认识到公私合营是大势所趋，人心所向，但对自己的工商企业恋恋不舍，同时顾虑重重，担心自己的前途和命运，也是人之常情。为此，1955 年 10 月 27 日、29 日，毛泽东分别在中南海颐年堂、怀仁堂，连续两次约见工商界代表人物，就私营工商业的社会主义改造问题举行座谈。毛泽东指出：资本主义工商业的社

历史掌故

全国工商界献给中共中央的报喜信

1956 年 1 月，全国出现资本主义工商业社会主义改造的高潮，当月底，全国 50 多个资本主义工商业比较集中的大中城市相继实现了全行业公私合营。30 日，在全国政协二届二次会议开幕式上，全国工商界报喜队将由李烛尘等 33 位全国工商界知名人士署名的报喜信献给中共中央。信中写道："中国共产党中央委员会：我们怀着万分感激和无比兴奋的心情，向你会报喜。由于毛主席、中国共产党和人民政府的正确领导，全国主要城市资本主义工商业，已经全行全业地转变为公私合营经济，完成了社会主义改造的第一步。全国工商业者已经愉快地、幸福地进入了社会主义社会……"到当年底，对农业、手工业和资本主义工商业的社会主义改造基本完成，标志着我国从新民主主义到社会主义的改造基本完成。

天津盛锡福帽厂公私合营后，举行挂新厂牌仪式

会主义改造即将走上一个新的阶段，希望工商界人士认清社会发展规律，掌握自己的命运，把自己的前途和国家的前途结合起来，积极接受社会主义改造，下决心把自己彻底改造成为光荣的自食其力的劳动者，争取光明的前途。周恩来、陈云也在座谈会上讲了话。随后，全国工商联召开执委会，学习毛泽东的讲话，听取周恩来、陈云的报告。经过学习和讨论，会议发表了《告全国工商界书》，号召全国工商业者接受社会主义改造。

1955 年 11 月 16 日至 24 日，中共中央政治局召集由各省、市、自治区党委代表参加的关于资本主义工商业改造问题的会议，通过了《中央关于资本主义工商业改造问题的决议》。

《决议》发出后，从 1955 年 12 月起，资本主义工商业改造开始出现"争先恐后跨入社会主义"的高潮。1956 年 1 月 10 日，北京市首先宣布已经全部实现全行业公私合营。

全国各大城市，到处是"庆祝批准公私合营"的大红横幅和耀眼的金黄"囍"字，到处是工人和资本家们的报喜队，到处是张灯结彩的庆祝仪式。锣鼓喧天，爆竹声不断，扭秧歌、欢呼庆祝公私合营的队伍，一队接着一队在街上游行。各地寄给毛主席的报喜信，给党中央的报喜信，给国务院的报喜信，如雪片般向首都北京飞来。仅仅 1 个多月的时间，全国各大中城市就突击完成了资本主义工商业的社会主义改造任务。

第六章

大规模经济建设

扫码体验

VR融媒党史云课堂
党史学习就在我身边

1. 第一个五年计划

中华人民共和国成立以后，经过 3 年的恢复，国民经济得到根本好转，工业生产已经超过历史最高水平，但当时的中国毕竟还是一个落后的农业国，工业化水平很低。当年，毛泽东在中央人民政府委员会第三十次会议上，有过一段形象的描述："现在我们能造什么呢？能造桌子椅子，能造茶碗茶壶，能种粮食，还能磨成面粉，还能造纸。但是，一辆汽车，一架飞机，一辆坦克，一辆拖拉机都不能造。试想，不优先发展重工业，怎么能改变这种落后的经济状况，怎么使我国立于世界民族之林呢？"

中华人民共和国国家计划委员会印制的《中华人民共和国第一个五年国民经济计划草案图表》

　　1953 年，我 国 开始执行发展国民经济的第一个五年计划（1953—1957）。它的基本任务是：集中所有力量发展重工业，建立国家工业化和国防现代化的初步基础；相应地发展交通运输、轻工业、农业和商业；相应地培养建设人才。这是我国由新民主主义向社会主义过渡，实现过渡时期总路线和总任务的重大步骤。

　　1952 年 12 月 22 日，中共中央发出《关于编制 1953 年计划及五年建设计划纲要的指示》。指示要求：第一，必须按照中央"边打边稳边建"的方针，既要保证抗美援朝战争的胜利，也要使大规模的经济建设有条不紊地进行；第二，突出重点，把有限的资金用于发展重工业和国防工业的建设上；第三，必须合理利用现有工业基础，充分发挥现有企业的潜力。

历史掌故

国产飞机试制成功

1954年7月3日，新中国制造的第一架飞机首飞成功。这架飞机是南昌飞机厂按照苏联雅克-18初级教练机的图纸仿制而成，飞机的中国名字为"初教5"。7月26日，南昌飞机厂隆重举行了第一架飞机制造成功庆功大会，首批3架初教5飞机在人们的欢呼声中做了精彩的飞行表演。8月1日，毛泽东主席亲笔签署嘉勉信，称初教5的试制成功"在建立我国的飞机制造业和增强国防力量上都是一个良好的开端"。8月26日，国防部长彭德怀批准初教5飞机投入批量生产。初教5的试制成功，揭开了中国飞机制造业的第一页。

"一五"计划的重点是大力发展重工业，1953年年底，一批冶炼钢铁、制造飞机、生产机床的工厂相继建成投产。

1953年7月，中国第一个生产载重汽车的工厂——长春第一汽车制造厂奠基典礼在产区举行。参加典礼的有东北局第一副书记兼东北行政委员会第一副主席林枫、一机部部长黄敬，以及地方党、政、军、群众团体和苏联驻华商务代表、援建专家，等等。1万多名建设者在一匹红绸上签下名字，表示了决心。林枫、黄敬和6名青年职工，将刻有毛泽东题词的"第一汽车制造厂奠基纪念"的基石，安放在厂区中心广场。至此，中国第一汽车工业基地开始动工兴建。

一汽的建设是中国空前规模的建设工程，得到了全国各行各业的大力支援。来自全国20多个省市，上千个企业、机关、学校的1万多名建设大军，包括各地抽调的优秀干部、专家、技术工人、农民，为实现3年建厂的目标忙碌着，奋斗着。经过3年的艰苦努力，在长春市郊的那片荒地上建起了37万平方米的厂房，安装了上万台机器，铺设了30多千米的铁路、8万米长的管道，完成了各种复杂设备的安装。

随着1957年7月14日CA10型"解放"牌汽车的下线，第一汽车制造厂3年建厂目标如期达成。7月14日上午，工人们举行庆祝会后，400多名劳模、先进工作者坐上"解放"牌汽车，组成报捷车队，前往省委、市委报喜。12辆报喜车绕厂一周后，浩浩荡荡驶向市区。

长春市到处红旗招展，锣鼓喧天，成千上万的市民聚集在道路两旁，迎接车队的到来。

到 1957 年年底，工业、农业、国防军工业等各行各业都获得了较大的发展，开始改变中国经济文化极其落后的固有面貌。第一个五年计划的实现，为中国国民经济以较高的速度发展打下了一个良好的基础，充分体现了中国社会主义制度的优越性。

2. 中国工业化的目标

实现工业化向来是中国共产党领导革命建设的明确的奋斗目标。在中华人民共和国成立初完成了国民经济恢复任务之后，毛泽东和党中央就及时地把实现工业化的历史任务提到中心日程，着手部署和规划国家工业化建设的蓝图。这主要体现在 1952 年"过渡时期总路线"

1956 年 7 月 13 日，第一批国产"解放"牌汽车在长春第一汽车制造厂试制成功，结束了中国不能制造汽车的历史。图为 7 月 14 日，在一汽全体职工的欢呼和簇拥下，披戴红花的"解放"牌汽车缓缓行进在厂区大道上的提出和 1953 年国家建设第一个五年计划的制订上。

党在过渡时期的总路线的基本内容是：在一个相当长的时期内，逐步实现国家的社会主义工业化，并逐步实现国家对农业、对手工业和对资本主义工商业的社会主义改造。其主题就是迅速发展生产力，实现社会主义工业化。

从当时的实际情况出发，第一个五年计划制订的主要任务是集中力量发展工业，尤其是重工业：冶金、燃料、动力、机器制造、化学工业等。计划五年内国家用于经济和文化建设的总投资额达 766.4 亿元，折合黄金 7 亿两以上，其中 55.8% 用于工业基本建设，新建一批规模巨大、技术先进的新工业部门，并要用现代先进技术扩大和改造原有的工业部门。政府一方面要合理地利用和改建东北、上海和其他沿海地区城市已有的工业基础；另一方面要开始在内地建设一批新的工业基地，以求大大提高我国工业生产的能力，并逐步改善不合理的生产力布局。在优先发展重工业的同时，国家要注意统筹兼顾、平衡协调发展，相应地发展农业、交通运输业、轻工业、邮电业

优先发展重工业是"一五"计划建设的重要方针，图为鞍钢大型轧钢厂轧出的重型钢轨

和商业以及文化教育事业等。

正如毛泽东在 1954 年 9 月第一届全国人大开幕词中宣布的："准备在几个五年计划之内，将我们现在这样一个经济上、文化上落后的国家，建设成为一个工业化的、具有高度现代文化程度的伟大的国家。"

"一五"计划的具体内容包括：

5 年内，工农业总产值计划由 1952 年的 827.1 亿元，增加到 1957 年的 1 249.9 亿元，增长 51.1%，平均每年增长 8.6%。

5 年内，工业总产值计划由 1952 年的 270.1 亿元，增加到 1957 年的 535.6 亿元，增长 98.3%，平均每年增长 14.7%。其中，生产资料的生产平均每年增长 17.8%；消费资料的生产平均每年增长 12.4%。到 1957 年主要工业产品的指标达到：钢 412 万吨，煤 11 298.5 万吨，发电量 159 亿度（千瓦小时）。

5 年内，农业及副业总产值增长 23.3%，平均每年增长 4.3%。粮食、棉花每年增长速度为 3.3% 和 4.6%，到 1957 年粮食产量达到 3 856.2 亿斤，棉花达到 32.7 亿斤，分别比 1952 年增长 17.6% 和 25.4%。

5 年内，交通运输、邮电、贸易、银行和物资储备等事业要有相应的发展；政府大力发展文化教育和科学研究事业，培养国家建设所需要的人才；在生产不断增长和劳动生产率不断提高的基础上，国家逐步提高人民的物质文化生活水平。

1955 年 7 月 8 日,《人民日报》发表了《为全部实现第一个五年计划而奋斗》的社论。社论指出:"我国第一个五年计划是一个伟大的计划,它将开始改变我国百年来经济落后的历史面貌,把我国向工业化的社会主义社会的目标推进一步。"社论号召:"全国人民必须在中国共产党和毛泽东主席的领导下,团结起来,动员起来,兢兢业业,克服困难,增加生产,厉行节约,为全部完成和超额完成五年计划而奋斗。"

3. 工业化建设高潮

第一个五年计划,迫切要求全国人民改变我国贫穷落后的面貌,建设繁荣昌盛的社会主义新中国。在它的鼓舞下,各行各业迅速形成了参加和支援国家工业化建设的高潮。

工人阶级作为工业化建设的主力军,以积极生产的实际行动投身于国家建设。在中共中央发出的关于增加生产、收入、厉行节约、紧缩开支、平衡国家预算的紧

"一五"计划期间，中华大地上掀起了大规模的经济建设高潮。图为工业战线开展增产节约、劳动竞赛和技术革新运动

急通知指导下，一个群众性的增产节约运动高潮迅速在全国范围内掀起。

在增产节约运动中，鞍钢机械总厂的青年工人王崇伦曾先后8次进行生产工具改进方面的研究，最终创造出"万能工具胎"，大大提高了生产效率。按1953年的定额计算，他一年就完成了4年多的工作量，而且产品全都是一级品。1954年4月，在王崇伦、张明山等7人的提议下，中华全国总工会在全国范围内掀起了技术革新热潮。5月6日，政务院第二百一十五次会议通过了《有关生产的发明、技术改进及合理化建议的奖励暂行条例》，进一步激发了人民群众的创造热情。

技术革新运动的主要目的是提高劳动生产率，全面完成和超额完成国家计划的各项指标。这一运动在各地开展以来，有许多厂矿企业取得了显著的成绩。技术革新运动促进了合理化建议运动的开展。1954年，全国提出合理化建议的职工人数有58万多人，提出合理化建议848万多条。其中鞍山钢厂有17 000多名职工提出合理化建议38 600多条，被采纳的有22 047条，其中运用到生产中去的有13 105条。

1955年，在社会主义劳动竞赛如火如荼开展的同时，各行各业又开展了"厉行节约，反对浪费"运动。

1956年，社会主义劳动竞赛运动达到高潮。这年2月，在中共中央和国务院倡导下，中华全国总工会通过了《关于开展先进生产者运动的决议》，对开展先进生产者运动的指导思想、原则及评定授予荣誉称号等问题，提出了具体意见。3月，中共中央发出《关于积极领导

人物故事

劳动模范孟泰 孟泰原名孟瑞祥，是中华人民共和国成立后第一代全国著名劳动模范，先后担任鞍钢炼铁厂副厂长、鞍钢工会副主席等职务。他爱厂如家，艰苦创业，在恢复和发展鞍钢生产中做出了重大贡献，是20世纪五六十年代誉满全国的钢铁战线的英雄。抗美援朝战争期间，美国的飞机总在鞍钢上空盘旋，在所有人忙着往农村疏散时，孟泰冒着危险，硬是把行李扛到生产车间，表示"高炉在、孟泰在"。许多工友深受感动，都留了下来。1950年8月中旬的一天，4号高炉炉皮烧穿，铁水与顺炉皮而下的冷水相遇，发生爆炸。孟泰将生死置之度外，冲上炉台抢险，迅速用铁板将水流引离炉皮，并采取一系列措施，避免了炉毁人亡的事故。孟泰类似的经历共有十几次，铁厂工人都敬佩地称其为"老英雄"。1950年9月25日，孟泰光荣出席全国工农兵劳动模范代表大会，受到毛泽东主席亲切接见，并于1954年当选为第一届全国人民代表大会代表。

先进生产者运动的通知》。

4月30日，全国先进生产者代表会议在北京体育馆开幕。毛泽东、刘少奇、周恩来、朱德等党和国家领导人出席了开幕式。5 月 10 日大会闭幕，会议发出《全国先进生产者代表会议全体代表给全国职工的一封信》。此次会议与会代表共 5 556 人，中共中央、国务院共授予 853 家单位"全国先进集体"称号，授予 4 703 人"全国先进生产者"称号。

5 月 11 日，《人民日报》发表了《持久深入地开展先进生产者运动》的社论。此后，一个波澜壮阔的先进生产者运动在全国范围内蓬勃兴起。

广大农民用努力增产、积极交纳农业税和交售粮棉的实际行动来支援工业建设。在工业建设中，特别是在矿区建设上，大批青年农民被吸收到工人阶级队伍中来，成为工业建设中的生力军。

知识分子、工程技术人员和科学工作者，充分发挥自己的聪明才智，用自己的专业技术知识，为实现国家工业化大显身手。大批高等学校和各类专业技术学校的毕业生，响应国家号召，无条件服从国家统一分配，奔赴工业建设第一线，为社会主义建设贡献青春。

在党和人民政府的领导下，全国亿万人民齐心协力，辛勤劳动，努力生产，积极工作，使得农业生产丰收，工业建设战线捷报频传。

4. 超额完成"一五"计划

经过全党和全国各族人民共同努力，到 1956 年年底，从 1953 年开始实施的"一五"计划的主要目标，基本上已提前完成。到 1957 年年底，中国人民骄傲地、大幅度地超额完成了"一五"计划。

由于"一五"计划中各项指标大幅度超额完成，形成了中国近代以来效果最好、作用最大的工业化浪潮。我国的工业生产能力和技术水平前进了一大步，取得了令人瞩目的成就。其中有许多大项目、大建设，如鞍山钢铁公司的三大工程——大型轧钢厂、

无缝钢管厂、七号炼铁炉开工生产，马鞍山钢铁公司、包头钢铁公司和武汉钢铁联合企业新建施工，中国第一汽车制造厂在长春建成并开始生产"解放"牌汽车，中国第一座拖拉机制造厂在洛阳始建，第一座飞机制造厂在沈阳建立并试制成功第一架喷气式飞机，第一座机床制造厂在沈阳建成并投产，第一座现代化的电子管厂在北京建成并投产，第一座现代化的制造无线电元件的综合性工厂——华北无线电器材厂在北京建成并开工生产，

1959年建成并投产的第一拖拉机制造厂

"一五"计划取得了令人瞩目的成就。图为毛泽东等党和国家领导人亲切接见全国先进生产者代表会议代表

西北第一座大型发电厂——西安第二发电厂建成，第一个天然石油基地——玉门油矿建成。此外还有武汉长江大桥、衡阳湘江大桥建成并通车，青藏、康藏、新藏公路建成并通车等，都是在"一五"期间创建和完成的。这些建设不仅填补了国内一些现代工业的空白，而且对一些老工业进行了技术改造，使中国工业的基础和生产能力有了显著提高。有许多重要的工业产品，如发电机、冶金和采矿设备、最新式金属切削机床、汽车、喷气式

飞机等都是我们原来不能制造的，这时都能生产了。

在农业生产方面：全国扩大了耕地面积 5 867 万亩，新增灌溉面积 21 810 万亩；建成大型水库 13 座，其中主要有河北的官厅水库、安徽的佛子岭水库和梅山水库等；5 年内，造林面积达到 21 102 万亩，提前完成了造林计划。

在交通运输邮电方面：全国铁路通车里程达到 2.99 万千米，公路通车里程达到 25.64 万千米，内河通航里程增加了 52%，航空线路长度增加 1 倍，增辟了国际航线；邮电业务量，1957 年比 1952 年增长了 72%，1952 年全国大约只有 59% 的乡通邮，到 1957 年年底通邮的乡已达 99%。

在商业方面：社会商品零售额 1957 年比 1952 年增长了 71.3%，进出口贸易总额同比增长 62%，其中在进口贸易额中，生产资料占 93%。随着我国工业生产水平的提高，工矿产品在出口贸易额中的比重已由 1952 年的 18%，上升到 1957 年的 28%。

在文化教育和科学技术方面：重视教育的气氛迅速

高涨，1957年高等学校、中等专业学校、普通中学校、小学校广泛发展，全国科研机构共有580多个，研究人员2.8万人，比1952年增加2倍多。我国一系列新兴科学技术，如原子弹、喷气技术、半导体、电子计算机和自动化技术等，皆从无到有，开始创办。

5年中，人民生活逐步得到改善。1957年同1952年相比，全国消费基金增长了36.8%，按人口平均计算增长25.3%。全国职工年平均工资，1957年达到637元，比1952年增长42.8%。5年内，国家为职工支付的劳动保险金、医药费、福利费达到103亿元。国家投资新建的职工住宅面积，累计达9 454万平方米。农民生活也有了较大改善，1957年全国农民收入比1952年增加了将近30%。

"一五"期间我国经济建设取得的成就，在当时的中国历史上前所未有。这一伟大成就促使各族人民团结得更加紧密，使人民政权更加巩固，也为社会主义工业化奠定了初步基础。